U0858487

乔治·巴兰钦传

〔美国〕罗伯特 · 高特利伯 著
陈筱黠 译

George Balanchine: The Ballet Maker

Robert Gottlieb

译林出版社

目　录

作者小记　1

第一章　俄罗斯的岁月　1
第二章　与佳吉列夫　17
第三章　自食其力　37
第四章　前往美国　50
第五章　百老汇与好莱坞　60
第六章　他的女人与男人　82
第七章　纽约城市芭蕾舞团　107
第八章　重返俄罗斯　118
第九章　晚年　128
第十章　这个男人　135

巴兰钦语录　145
巴兰钦重要作品年表　155
参考资料　160
致谢　167
译名对照表　169

作者小记

二〇〇四年的乔治·巴兰钦百岁诞辰，在我看来似乎是出版他的小传的适当时机。与许许多多盛极一时的艺术家不同，巴兰钦去世以后并未远去成为历史。相反，过去的二十一年期间，随着巴兰钦的芭蕾舞作品传到全世界，他的影响已经变得比过去任何时候都要普遍（有时可说独霸舞林），他作品的加入总是使得表演节目更添吸引力。而现在我们可以退一步，并以某种历史的观点，全面审视他的人生，他的人生轨迹以及丰富的成就吸引我们给予新的检验与颂扬。

一九四八年，我初次接触巴兰钦的作品，那是我高中生涯的最后一年，当时我的一位老师为了只有她自己知道的理由，带了她的友人及我前去纽约城市中心剧院观赏芭蕾协会舞团的演出。我不知道我为什么在那里，但是我知道我喜欢我所看到的。那年秋天，芭蕾协会舞团转型为纽约城市芭蕾舞团，由于我是哥伦比亚大学的新生，而且市中心剧院的票价相当低廉，我得以非常紧密地追踪这个舞团头四年的发展。这几年是《俄耳甫斯》、《C大调交响曲》与《幻想风的波雷舞曲》的时代，是《四种气质》、《巴洛克协奏曲》和《圆舞曲》的时代，是玛莉亚·托尔契夫与塔娜奎莉·勒克莱尔、杰罗姆·罗宾斯、诺拉·凯依与梅丽萨·海登、尼古拉斯·马加利亚内斯、弗朗西斯科·蒙奇恩与安德烈·艾格列夫斯基的时代。当时我对芭蕾所知不多；我只知道每次我观赏巴兰钦的作品感觉有多兴奋。

数十年过去，而随着巴兰钦不断缔造创造力的奇迹，我开始领会他的才华的广度与深度。最后，因为我越来越了解芭蕾的历史，我逐渐了解了他在芭蕾史上的独特地位。由于他在彼季帕的古典主义以及十九世纪俄罗斯传统方面的根基，他对于法国歌剧芭蕾风格的领悟，他对芭蕾教育的深入了解，他吸收了从华尔兹、轻快舞曲、爵士、阿斯泰尔[①] 到方块舞等通俗舞蹈的影响，他受教于斯特拉文斯基和佳吉列夫的新古典主义，他无惧于古典技巧的延伸（但是从未背离古典），他说故事的天赋、他对音乐超凡的敏锐反应，他承袭着芭蕾的一切（过去与现在），并不时为芭蕾的未来赋予新的意义。对他而言，往前看与往后看不是分开的两件事情；就在他创造每件事情的当下，他也在为每件事情下结论。

如同可堪媲美的莎士比亚、莫扎特等其他艺术形式的天才，巴兰钦编起舞来非常流畅又轻松，让人察觉不出停顿或犹豫，他源源不断地创作出新的作品。打从职业生涯一开始，他的想法与行动之间就没有距离。他不待神明给予指引——有事情要做的时候，他就动手去做。他总是调整自己去适应当下，无论是什么状况：大舞台或小舞台，大班底或小班底，有钱或没钱，芭蕾、音乐喜剧、电影或电视。而且他总是迅速又实际，有状况就去探究，有问题就去解决。他是一个领导人，一个典范——是至高无上的艺

① 美国音乐歌舞剧明星。

术家也是优秀的执行者。对于他的舞者而言，他是一切。对其他编舞家而言，他是令人敬畏的人物。诚如特怀拉·萨普[①] 所言:“巴兰钦是神。”

通过带巴兰钦来美国的林肯·柯尔斯坦，我认识了巴兰钦并与他共事。二十世纪七十年代初期，我从《纽约城市芭蕾舞团》一书开始，帮柯尔斯坦编了几本书，柯尔斯坦邀请我加入他正在为该舞团筹组的新董事会。起初我以不擅长应付有钱人及无法筹募资金为由表示反对，他跟我保证，他需要我在董事会只是因为“我想要有个懂得芭蕾并且在关键时刻知道要做什么的人在董事会”——我所明白这个关键时刻就是当巴兰钦将必须被取代的时候。事实上，多年之后，当这个时刻来临时并没有真正的危机。但是早在那之前，我已经开始为管理阶层人力吃紧的这个舞团执行一些任务。从三名负责人——贝蒂·凯奇、埃迪·比奇洛及芭芭拉·霍根——我了解到自己可以做什么，我很快便规划起芭蕾舞季，并从我的办公场所（最先是诺普出版公司，后来是《纽约客》办公室）督导他们的营销活动。我也参与劳动谈判与定价决策，偶尔担任公司的发言人，并经常与舞团一起旅行。

由于总是有许多问题要讨论，我在那些年期间花了相当多的时间与巴兰钦相处。有时候我会和他站在舞台侧翼观看演出，有时候我会去他的办公室，而在十分紧急的时候，我会打电话到他家。他总是冷静、很有礼貌、实事求是，且总是秉持客观态度。我从未试图与他发展私人关系——没有必要，而且我也不希望。对我而言，他也是神，而我把我的角色看成某种神的使者。事实上，我无法理解，为什么他会同意让来自另一个世界的外人（他几乎

① 美国当代知名编舞家。

不认识这个人）去承担这些责任。早先我问过他的私人助理霍根，为什么他接受我到甚至还知道我的存在的程度，她解释：我的名字——“Gottlieb”——是“Amadeus”这个拉丁词的德文翻译，而让他联想到莫扎特[1]对他来说就足够了。

后来我对巴兰钦的诸多印象来自密切的接触，但是这与我们的关系亲近或甚至友谊一点关系都没有。再者，当然，我对他的观察只在他人生的最后十几年。然而光是认识他就是莫大的荣幸；更棒的是能够为他服务，无论是以多么有限的方式；最大的荣幸则是我与许多其他人共享的经验：一季又一季，分享他与他的纽约城市芭蕾舞团舞者的长达三十五年的合作演出。这不只是一件享受精彩演出的事情，对于许多像我这样的人而言，诚如编舞家阿琳·克罗斯曾经说过的，纽约城市芭蕾舞团已经成为“我们的文化”。

① 莫扎特的全名为 Wolfgang Amadeus Mozart。

第一章 俄罗斯的岁月

乔治·巴兰钦于一九〇四年出生于圣彼得堡。前一年，以《睡美人》闻名的编舞家马里乌斯·彼季帕在马林斯基剧院演出他的最后一出芭蕾；而来年，以《仙女》知名的米哈依尔·福金完成第一支舞作。就在同一年，伊莎多拉·邓肯首度在俄罗斯亮相，激发福金与其他人对于改变现状的渴望。接下来的五年开启了俄罗斯的西方出走风潮：帕芙洛娃踏上没完没了的巡回演出，佳吉列夫带着他的俄罗斯芭蕾舞团前往巴黎，尼金斯基和卡萨维娜紧随其后。圣彼得堡的舞者坚持他们的想法并要求新的权利，招来管理当局的压制，除了惯常的内讧冲突，数十年来大致上都还算平稳的俄罗斯芭蕾舞界陷入一片混乱，而保守分子选择将这些混乱的现象视为一时冲动的造反，认为没有改善的必要。

政治局势当然也同样掀起一波造反声浪。一九〇五年一月二十二日，巴兰钦的周岁生日当天，一群抗议工人与他们的家人在圣彼得堡遭到射杀，许多人遇害。俄罗斯开始一路奔向第一次世界大战、俄国大革命与共产主义。

然而，巴兰钦出生的环境与政治或芭蕾都没有直接的关联。巴兰钦的父亲梅立通·巴兰钦瓦德兹是一名成功的音乐家，是专精于创作故乡格鲁吉亚民谣的作曲家，同乡都称他为“格鲁吉亚的格林卡”[①]。他和岁数不及他一半的玛莉亚·尼古拉耶夫娜·瓦希耶娃结婚时，已是四十多岁且两个孩子都已成年的鳏夫。（他们的儿子乔治后来所娶的几名女子也都非常年轻。）他们的婚姻诞生了三个孩子：乔治有姐姐塔玛拉和弟弟安德烈。尽管家中的财务状况时好时坏，但乔治的幼儿时期似乎非常快乐。梅立通脾气温和、慷慨大方，或许还有点放荡挥霍。当他有钱的时候，他随意乱花；没钱时，也不特别烦恼：这又是他与儿子共有的特质。

多年后，巴兰钦提及梅立通赢得官方彩票的一大笔钱之后，不仅因为挥霍无度与愚蠢的投资把钱都花光了，还因为“蓄意破产”的罪名而入狱。没有人告诉孩子们实情，当他们的父亲消失两年之后突然间又出现，他们既惊又喜。（这是巴兰钦诸多不可思议的传奇中最早的故事，他很喜欢这种浪漫的夸大说法。但是如果按照几年之后安德烈的说法，比较可能的故事版本是：梅立通因为积欠债务而被软禁在家中长达四个月。）虽然巴兰钦一家必须放弃市区内的公寓，但是却幸运地得以保住乡下的小房子，他们的新家距离市区有三个小时的慢车路程，现在地属芬兰西南部境内。乔治五岁到九岁的时光都在那里度过，有一名家庭教师陪读教导，还向一名严格的德国女士学习钢琴。另外还有一名德国保姆，在他还很小的时候就离开了，但是他在迟暮之年回想起这名保姆仍旧是“满怀温情”。

童年时期，他与姐姐、弟弟在自家周围的林间过着健康、活跃的户外生活。乔治带着乡愁与感情回忆起那些岁月，不只是乡下的田园生活，还包括他早年在圣彼得堡的日子。他对《巴兰钦

---

① 格林卡为俄罗斯民族音乐的奠基人，有“俄罗斯音乐之父”之称。

的柴可夫斯基》一书作者所罗门·伏尔科夫谈到自己曾在有三个池塘的波克洛纳亚山丘上玩耍，沿着涅瓦河堤岸散步，去动物园玩，还有他、塔玛拉和安德烈“心急难耐地等待正午彼得与保罗要塞的大炮隆隆作响”。东正教壮观的礼拜仪式“也让孩提时的我留下奇妙的印象。祭司们全都盛装打扮，顶着华丽的主教冠走出来，看起来就像圣人。教堂唱诗班的男孩们歌声优美，宛若天使”。如同他对伏尔科夫所说:“孩童时期的印象总是最有影响力”，东正教礼拜仪式的力与美始终影响着他。

对于像他这样的家庭，孩子们安定的未来是非常重要的问题。因为没什么钱，又必须接受国家的教育，对年轻的乔治来说，最明显可行的途径是加入陆军或海军：他有一个同父异母的哥哥是军官，家族在军方也有人脉。他九岁的时候，母亲带他和姐姐到圣彼得堡，以便他申请进入帝国海军学院；塔玛拉则可以参加帝国芭蕾与戏剧学校的考试，她一心想要当舞者。在海军学院，他们发现截止日期已过，巴兰钦无法申请当年度入学；而塔玛拉没有通过芭蕾学校的考试（前一年她也没有通过，不过一年后她终于通过了），但是一名路过的职员的随口提议，让乔治也参加了这场大约有五十名男孩报名的考试。

学校没有要求这些面试者跳舞。健康检查之后，他们必须在一个由首席舞者、老师和行政人员组成的评选小组面前来回走动，这些人会按照他们的体格、活力、举止来评分。乔治是通过入学考试的九名男孩之一，而且显然已经吸引地位显赫的芭蕾女伶奥尔加·普列奥布拉耶纳斯卡的注意。（同样，这些事件还有另一个版本，据说在乔治参加考试的前一年，他的父亲已经跟学校提过他的事情，预先铺好了路。这个说法比较不具戏剧效果，但是听起来有可能：身为知名的音乐家，梅立通在马林斯基剧院肯定有人脉。当然，乔治可能对父亲的作为并不知情。）

出身体面的家庭却没有经济前途的小孩，以这种方式投入专业教育，一点都不稀奇：举例来说，在佳吉列夫舞团时期成为乔治非正式妻子的亚历山德拉·丹尼洛娃就是如此。这些孩子不只接受公费教育，而且八年或九年毕业之后，基本上他们都能进入芭蕾舞团工作，最后还可以领到退休金。巴兰钦一家人决定利用这个机会，是明智且务实的。值得注意的是，在乔治通过考试的当天下午，他的母亲留下他就回家了。早上，他才出门申请海军学院；晚上，他独自在一个陌生的环境，答应学习他原本没有兴趣的一门艺术——他甚至连一场芭蕾舞都没看过。军队生活，或甚至是教堂的生活，对他都有更大的吸引力。也难怪，他讨厌这一切并立刻逃走，他循路穿过这座城市跑到娜蒂雅“阿姨”（实际上她是巴兰钦的堂姐或表姐）的家，娜蒂雅知道这次的逃跑可能会导致巴兰钦立即被开除，她直接送他回学校并把他留在那里。

乔治在学校的第一年并不快乐，后来他经常谈到自己是被“困”在那里（“在我还小的时候，我的父母把我困在一间芭蕾学校”）。学校里的练习基本而机械化，学生在第一年里不会接触到实质的表演，而且不太清楚他们的努力目标是什么，沉闷单调的重复练习又能有什么成果。他大多数学科的表现并不好，除了音乐与宗教，其他的成绩都很差。而且他有交友方面的问题。在早年的照片中，人们很难忽略他的神情：带着优越感、几近轻蔑，而且无疑地充满戒心。其他的男同学都叫他“老鼠”，大概是因为吸鼻子的动作或是脸部习惯性的抽搐，使得他的门牙外露（而且这将成为他终其一生都恶名远播的生理特征）。“老鼠”不算是个亲切的绰号。早年时曾有个男孩无情地嘲弄他，依照他告诉伯纳德·塔伯（他最初也是最好的传记作者）的说法，他“扑向他的敌人，猛烈的力道把对方的锁骨都打断了。”这是一次很罕见的失控。终其一生，他都以难得表现怒气而闻名。

他非常地寂寞。周末和假日，几乎所有的孩子都回家了，但是他的家有好几个小时的路程，除了偶尔与娜蒂雅阿姨当天往返乡下的家，他都留在学校。他在步入生命尽头的时候告诉伏尔科夫：“周六学校空无一人，整整两天，被遗弃的感觉悲哀又寂寞。你会想上教堂呆站一会儿……你必须消磨晚餐前的时间，我会去接待厅弹钢琴，那里没有人，一片空空荡荡。”他读了许多当时一般男孩子看的书：凡尔纳[①]、福尔摩斯、尼克侦探[②]、《最后的莫希干人》。所有最低年级的学生都知道第一年是试用期，所以对于乔治而言，这段时间肯定不仅是孤独、不快乐的，还是充满紧张的。

不过在短短几年之内，人们逐渐注意到他。在学校比乔治高一年级的丹尼洛娃后来写道：“我开始特别留意到一个男孩子——乔治·巴兰钦。他谈不上英俊，但是看起来很有趣，有双锐利的眼睛；他似乎有点特别……乔治个性不错，但是当我们忙着胡闹捣蛋的时候，他却不与人来往。以他的年龄来说，他看起来非常严肃。”还有其他人也注意到他。舞团里一名年轻的独舞者菲丽娅·杜布洛夫斯卡还记得，当时她注意到巴兰钦的观察力与判断

① 法国名作家，著有《环游世界八十天》等小说。

② 寿命很长的廉价小说的英雄人物。

力非常敏锐，并且心想：他是个凡事都了然于心的小男孩。她于一九二九年在巴兰钦的《浪子》中出演塞壬女妖，是这一角色的最早版本。

二年级的时候，他的内心终于燃起对芭蕾舞的热情：就像孩子们在这个训练阶段通常会经历的过程，生平第一次，巴兰钦被带到剧院参与演出。这出芭蕾舞剧是《睡美人》。“我是丘比特，一个很小的丘比特。这是彼季帕编的舞作，我被安排坐在一只金色的老鹰上。一切豁然开朗！一群人，一群优雅的观众。马林斯基剧院一片淡蓝色和金色！然后突然间交响乐团开始演奏，我坐在鸟笼上，以无法言喻的兴奋之情享受这一切——音乐、剧院以及我在台上的事实。感谢《睡美人》，我爱上了芭蕾。”

他不是唯一喜欢《睡美人》的人。《睡美人》是具体呈现安娜·帕芙洛娃和艺术家莱昂·巴克斯特对芭蕾舞的热情之作。斯特拉文斯基热爱柴可夫斯基美妙的配乐。一九二一年，佳吉列夫因为在伦敦公演《睡美人》长达三个月而几近破产。而美国对于古典芭蕾的华美有了全面性的了解可说是玛戈特·芳婷的成就，因为一九四九年萨德勒威尔斯皇家芭蕾舞团[①] 于纽约的第一个舞季期间，芳婷饰演《睡美人》中的欧若拉公主。巴兰钦终其一生都很喜欢《睡美人》：他在晚年还打算让纽约城市芭蕾舞团演出《睡美人》。

从那时候开始，乔治在马林斯基剧院有无数场芭蕾舞的演出，他在柴可夫斯基的歌剧《黑桃皇后》与《尤金·奥尼根》中有舞蹈演出，也参与了彼季帕的《法老的女儿》一剧，那是他第一次

① 英国皇家芭蕾舞团的前身。

以不具名的方式列入演出名单（“猴子：一个学生饰演”），是个在林间蹦蹦跳跳的角色，他告诉塔伯，他对这个角色有一种特别的亲切感。当然，他还参加了彼季帕的其他作品：《雷蒙达》（饰演阿拉伯男孩）、《堂·吉诃德》（饰演西班牙男孩）、《帕基塔》、《艾丝美拉达》、《海盗》。他参与《天鹅湖》与《胡桃夹子》的演出。“没错，我有参与演出。”一九五四年，他为纽约城市芭蕾舞团创作他自己的版本的《胡桃夹子》时谈到，“老鼠、丑角……什么都跳，就跟大家一样。”事实上，他学生时期最成功的角色是参与“环舞”的丑角，后来他在自己的作品里将其改编成“拐杖糖”，他特地说明其中一组舞：“完全是纯正的俄罗斯风格。”这个角色是他的专长之一，这一点可由丹尼洛娃的记忆证实：“他与众不同的特色……是速度、音乐性、大跳跃和动作分明的起奏”，因此他注定当上要角而非首席芭蕾女伶的舞伴。虽然他确实也曾在《胡桃夹子》饰演王子的角色，而几十年后他将这个角色的手势与肢体动作原封不动又搬上舞台。

在芭蕾学校就学期间，巴兰钦很努力想要成为一名音乐家，只要有时间（和钢琴），他就练习。他勤奋的练习最后吸引了高年级学生邀请他在学校毕业公演上为他们伴奏，也因而让老师、舞者与学校行政人员注意到他。一九一九年，他进入创作了《雷蒙达》的知名作曲家亚历山大·格拉祖诺夫指导下的音乐学院。他在那里不只学习钢琴，还有和声、对位旋律以及作曲。他也尝试小提琴、法国号、鼓及小喇叭。他的钢琴教授苏菲亚·弗兰特塞大娜·楚穆伦如此赞美他：

> 才华横溢而且有音乐细胞。他在最困难的条件下学

习。最初一年半时，他是国立芭蕾学校的学生，没有自己的乐器，而且只能在偌大的戏剧厅弹奏，十分不便。芭蕾学校毕业后，他继续住在学校里，生活境况没有改变，直到今年（一九二二年）三月他才有自己的乐器。他的芭蕾练习让他精疲力竭……我希望他能够成功完成音乐学院的学业。

他一直都没有完成音乐学校的学业，但是诚如这个时期他结识的密友舞蹈史学家尤里·斯罗尼姆斯基对此所下的总结："在那几年里，巴兰钦让自己变成专业的音乐家。"

他也开始编舞。一九二〇年，他十六岁的时候，获准以安东·鲁宾斯坦的浪漫乐曲为背景，为学校年度公演创作一支双人舞——《夜之舞》。根据丹尼洛娃的说法，这是"一支迷人的舞码"，需要舞者以"阿拉贝斯克"[①] 做出单臂高举的创新动作。巴兰钦爱上了跳这支双人舞的奥尔加·蒙加洛娃："她有双细致美丽的腿，每个特技招式对她来说都是轻而易举。"米凯亚·巴瑞辛尼科夫说在他年轻的时候，俄罗斯还有《夜之舞》的演出。一九二一年，巴兰钦以优异的成绩从芭蕾学校毕业，他遵循标准途径进入马林斯基芭蕾舞团，如果他选择待在这个舞团，等着他的是一个清晰的未来，但是舞蹈界以及更广大的世界都发生了一些事件，让他无法继续这条路。

① 芭蕾的基本舞姿之一。其名称源自摩尔人的一种叶片状连续花纹图案。该舞姿为单腿半蹲或直立，另一腿往后伸直，与支撑腿成直角，双臂呈与此相应、和谐一致的姿势，从而构成从指尖到足尖尽可能伸长的直线。

巴兰钦在芭蕾学校的最后几年恰逢第一次世界大战和俄国革命爆发。一九一七年俄国革命爆发，接近年底时，学校与舞团双双关闭。这个国家正经历内战以及政权的快速变迁——从专制政权到克伦斯基的社会主义，再到列宁的共产主义，这些造成了混乱及严重的贫穷。乔治的父亲前往提弗力斯（今日的第比利斯），担任寿命短暂的格鲁吉亚共和国的文化部部长。由于学校关闭，乔治搬去与他的母亲、姐姐及弟弟住在一起，但是在一九一八年初，他的家人离开圣彼得堡（被沙皇重新命名为彼得格勒）与他的父亲团聚。只有十四岁的乔治从此再也没有见过他的父母和姐姐。

在等待学校复学的同时，他与娜蒂雅阿姨过着捉襟见肘的日子，跟其他人一样，巴兰钦四处寻找食物。斯罗尼姆斯基总结那段时期的情况："内战、道路封锁……彼得格勒似乎正逐渐变成一座死城，街道上空空荡荡，已经没有营业的商店，窗户不是用木板钉起来就是被打破。交通运输……往往因为欠缺电力和汽油而停下来。经常停电，街道与公寓大楼陷入一片漆黑。饥饿与寒冷让每个人都感到痛苦难耐。"只要有工作，乔治什么都肯做：为默片演奏钢琴、当信差、担任马具商人的助理。工作不是为了换取金钱，而是"能换得他的雇主可以分给他的任何残羹剩饭，或是换取……几根火柴或一些香皂，或许还可以拿去换一片硬面包。"他会走好几里路去找乡下的农夫，拿节省下来的盐换马铃薯。他会跟其他学生一起偷政府的补给品（如果失手被逮，他们会被处死）。而猫则经常被捕捉，勒毙，然后烹煮。"有时候我们讨到马的饲料，"丹尼洛娃回想，"而死马则被弃尸在街上。晚上，人们会拿着刀子来，从尸体上割下任何可用的部位；到了早上，就只剩下骨头。”饥饿对每个人来说都成了常态，她写道：“然后开始长疮，我一度有五个，但是跟乔治比起来根本不算什么，他有三十个。”

一九一八年，布尔什维克党的教育人民委员阿那托利·卢那察尔斯基成功说服列宁：芭蕾不是一门堕落的艺术，无产阶级可能从中获益。学校与剧院重新开放，但是起初只限于冗长、激烈的政治集会中间的串场演出。塔伯记述，巴兰钦在四十年后还能“生动模仿他曾在马林斯基剧院舞台侧翼的包厢听到的托洛茨基长篇大论的演说，既可笑又吓人”。固定的演出终于重新展开，观众坐在冰冷的剧院里，因为没有燃油提供剧院暖气。“水在水管里结冻，然后水管爆裂。”巴兰钦告诉伏尔科夫，“冰在水槽内漂浮。跳群舞的人在戏服下面穿着长袖的T恤，但是可怜的主角们有什么办法呢？他们一个接着一个感染肺炎。”

在这段长期困顿的日子里，身体虚弱的巴兰钦没有病倒，有很大的可能性是因为他经由介绍而认识了一个年轻女孩的家庭，他初次遇到这个女孩是在一九二〇年，她名叫塔玛拉·哲别尔哲耶娃，后来改名吉别尔吉耶娃，最后大家简称她为吉娃。大约两年之后，他与塔玛拉相恋，当时塔玛拉十五岁，而他大她三岁。塔玛拉是一个有着浅灰金色头发的女孩，美丽又活泼，她不是这间国立学校的学生，而是晚上到学校修几堂课。他们开始交往，并在这座城市附近的夜总会一起演出，有时候塔玛拉会在乔治的伴奏下演唱。然后，按照吉娃所言：“随着时间的流逝，我们的友谊转变成一种更为亲密的关系。”到那个时候，巴兰钦已经搬进哲别尔哲叶娃家的大公寓。吉娃的父亲因为制造宗教物品与服饰而致富，他拥有大批珍贵藏书，并建了一间实验剧场与一座博物馆，虽然他大多数财产都被充公（在新的政权下没有生产宗教制品的必要），布尔什维克党仍同意他经营剧场与博物馆。

吉娃的父亲很喜欢乔治，吉娃后来写道，乔治有“父亲所欣赏的许多特质：有才华、不墨守成规、就算有人反对也要追求自己的方向与信念的决心。”他也喜欢乔治的钢琴演奏，尤其是瓦格纳的曲子。他很乐意提供乔治食宿。根据吉娃的说法，有一天她的父亲对这两名年轻人说：“你们何不结婚？我是认真的，你们很明显地疯狂相爱。不管这是年轻人的短暂爱情还是真爱都不打紧，时间会澄清一切。如果你们发现结婚是个错误，随时都可以离婚。同时，如果你们结婚，我会觉得比较自在。”乔治说：“好吧！”吉娃附和：“好吧！”事情就这么发生了，她写道：“而且我敢说这个浪漫的求婚方式无人能比。”事实上，乔治本人在几十年后对这个故事提出质疑，他告诉伏尔科夫：“我听过一个广为流传的故事，说塔玛拉和我结婚是她父亲的主意。根本不是这样，没这回事。他不管塔玛拉和我，完全沉迷在他的珍奇收藏当中。我住在他的房子；我没有别的地方可去……他要求我弹奏瓦格纳的音乐，确有其事，但是要我娶塔玛拉？没有，塔玛拉和我是自行结婚的。”谁知道呢？吉娃的回忆录《刹那》写得很迷人但是有点幻想的成分，而做事一丝不苟的塔伯转述她的故事，想来是从巴兰钦以及吉娃那边都听过这个故事。可以确定的是，在巴兰钦的生命走到终点时，他并不希望这个故事是真的。

虽然现在巴兰钦的家庭生活比较安定了（最后他与妻子从她的家搬入他们自己的小公寓），但是他的艺术生涯已经到达关键时刻：他要依附马林斯基舞团的保守势力，还是要走出自己的路？早在俄国革命之前，亚历山大·高尔斯基在莫斯科的波修瓦剧院和福金在圣彼得堡的行动，已经使编舞界陷入混乱。巴兰钦欣赏福金的《仙女》（一九七二年纽约城市芭蕾舞团将它搬上舞台时采用的是原来的名称“Chopiniana”，我们熟悉的名称则是“Les Sylphides”）。他之前看过《垂死的天鹅》、《狂欢节》和福金早期的其他作品，而且他本身也跳过《阿拉贡霍塔》，并在《伊戈王子》中扮演鞑靼人。但是在他刚开始编舞的那几年，主要影响他的却是费奥多尔·洛普霍夫及卡西扬·格列佐夫斯基，前者是因为他用音乐来处理舞蹈，后者是因为他在延伸舞蹈语言方面所做的种种激进的实验。一九二三年，洛普霍夫将一出名为《宇宙的辉煌》[①] 的大型纯舞蹈芭蕾舞剧搬上舞台，音乐是贝多芬的第四号交响曲，巴兰钦和几个最亲近的同事参与了这出舞剧唯一一次的演出（这是一次完全失败的演出）。舞蹈史学家伊丽莎白·苏利兹引述洛普霍夫关于与“贴近音乐跳舞”、“随着音乐起舞”和“在音乐中跳舞”等观念相对应的“让音乐跳舞”观念的著作。“当然，”苏利兹写道：“这种方法分析乐谱、把乐谱拆解成几个构成的要素，然后寻找每个要素的对等动作。”而且她指出，对巴兰钦而言，追随彼季帕和洛普霍夫，将舞蹈结构视为“音乐结构的模拟，超越文学的臆测、戏剧的具体化以及主观的诠释”，可说是非常重要的。

格列佐夫斯基的地位重要，不只是因为他创造了前所未有的激进动作与姿势，而且这些动作与姿势还是基于古典芭蕾的严格规则的。换句话说，他与巴兰钦相似但是又远早于他，他在坚持

① 原注：二〇〇四年《宇宙的辉煌》原剧重新登上马林斯基剧院舞台，证明它是一个相当生涩且明显带有前卫主义的作品。然而，人们可以看出巴兰钦可能受到的影响。

古典芭蕾的同时，扩大了古典芭蕾的语言。“创造出根据传统姿势变化而来的大胆姿势与动作，”苏利兹写道，“芭蕾女伶不是站立摆出阿拉贝斯克与阿蒂迪德[1]，而是高高悬在空中，在她的舞伴的怀里，而且有时候是坐着或躺下。”

一位当代评论家描写格列佐夫斯基惊人的舞蹈语汇：“腿被赋予了意想不到的功能——不是用来支撑身体，而是当成独立的表达要素……‘用腿的姿势表达’。通过手臂与腿部线条的交织，得到新鲜又奇特的效果。”这一点他也比巴兰钦早了一步，巴兰钦在参与格列佐夫斯基的室内芭蕾舞团的一场演出时，“冲到后台对这名编舞家表达他的兴奋之情”。他告诉塔伯：“看到格列佐夫斯基让我首度有勇气自行尝试不一样的东西。”

一九二三年，巴兰钦在各式各样的地方编排了各种类型的舞蹈。斯罗尼姆斯基回忆：“他的朋友和跳舞的伙伴一直缠着他：‘乔治！告诉我要跳什么！帮忙改编这部旧作！帮我按照这段音乐排一支舞！’而总是盛情难却的巴兰钦会设法立即满足这些要求。”他的身边出现了一群年轻的舞者，他们就是后来大家所熟悉的青年芭蕾舞团，成员包括他过去的女友蒙加洛娃、丹尼洛娃、莉迪亚·伊凡诺娃、彼得·古谢夫、尼古拉·考拉·叶菲莫夫，最后还有他的妻子。艺术家和音乐家也与这个团体有往来，他们在可当场地的地方举行音乐会，巴兰钦为里姆斯基－科萨科夫的歌剧《金鸡》演出编舞、为施尼茨勒、托勒的戏剧编舞，甚至还有萧伯纳的《恺撒与克娄巴特拉》。很快地，青年芭蕾舞团有了些名气（或者该说是恶名昭彰）。保守评论家摆出轻视的态度；前卫

① attitude，原意为姿势、姿态，此指芭蕾的基本舞姿之一。支撑腿可直立或微蹲，也可站脚尖或半脚尖，另一腿往前或往后弯曲抬起。

或想法有点开明的舞评的反应则很热烈。巴兰钦成了当时激进艺术运动的核心人物，他的照片出现在颇具影响力的《剧场》杂志的封面上。当时他正处于“肖邦时期”：穿一身黑，头发在前额梳平，表情忧伤，虽然私底下他仍然很爱开玩笑而且也的确很风趣。他以肖邦的《葬礼进行曲》为青年芭蕾舞团编了一支肃穆的舞蹈。根据吉娃的形容：“十二名年轻舞者穿着僵硬的亚麻短祭袍，兜帽紧裹着头，跟着阴郁的拍子营造坚定的哀伤，从送葬者转变成死者，再变成旋转的魂魄，我们的身体扭转成拱形与十字形。”他还为同一个表演节目编了另一支舞蹈，配乐是有节奏地吟诵俄罗斯五行打油诗。

这些表演赚不了太多钱，但是斯罗尼姆斯基记得：不管乔治从青年芭蕾舞团赚到多少，他都会分给舞团里那些比较贫穷的舞者。马林斯基舞团给他薪水，但是寥寥无几，而且他与吉娃在夜总会的演出收入也不多。对他而言，更重要的是，虽然他越来越有名，但是剧院当局不只不愿意给他编舞的工作（他们拒绝他想把斯特拉文斯基的《春之祭》搬上舞台的要求），还积极劝阻舞团的其他成员为他跳舞。据丹尼洛娃的说法：“我们被马林斯基剧院的主管传唤，他们威胁我们，如果继续和巴兰钦合作，就会被赶出去。他们甚至没有警告巴兰钦，当场就把他赶出剧院，以惩罚他的实验性作为。”他可能不是很在乎，不过他对编舞的兴趣无疑高于跳舞（吉娃声称巴兰钦实际上“讨厌”跳舞，虽然这个说法并不普遍）。无论他是多么想担任编舞的工作，一旦涉及要如何完成这些工作的时候，他只好变成完全独立自主的。

他强大的宗教力量、他对于权势的深恶痛绝、过去六年的贫困对羸弱身体的戕害，以及毫无疑问地，身为年轻人对于冒险与改革的本能……种种因素促使他想要脱离布尔什维克党统治下的俄罗斯。当时他也几乎完全与格鲁吉亚的家人失去联络。“在俄罗斯活不下去。”他告诉伏尔科夫，“太可怕了——没有东西吃，西方世界的人们甚至无法了解那所代表的意义。我们老是在挨饿。我们梦想着离开，哪里都好，只要我们逃走。对于走或不走，我从来都没有一丝疑问，完全没有！我从不曾怀疑，我一直都知道：只要一有机会，我就会走。”

他不是唯一有这样想法的人。昔日的轻歌剧演唱家弗拉基米尔·狄米特里耶夫当时正在一间私人赌场担任总管，（替自己）赚进了大把的钞票。吉娃形容他是“非常聪明又很精打细算的男人”。狄米特里耶夫建议他们组一个小团体到海外进行夏季巡回演出，而丹尼洛娃、乔治与吉娃，以及经常与丹尼洛娃搭档的叶菲莫夫都在名单上，还有天赋异禀的伊凡诺娃。狄米特里耶夫通过他在政府高层的人脉说服当局：他的目的是借由带领他们进行为期两个月的德国巡回演出，帮助教育一些有才华的年轻人，当然，经费由他负担。这也是一次让欧洲一窥苏联文化的机会。“有好几天，”吉娃写道，“我们的表现令人惊讶。”

然后，在预计出发前不久，伊凡诺娃死于一场非常可疑的船难。她一直与秘密警察的某些警官走得很近（其他人认为太过亲密了），而且知道太多事情。这个悲剧只让其他人更急着要离开，虽然丹尼洛娃认为她起码会在夏天过后回到马林斯基剧院——毕竟，舞团已经承诺要让她在彼季帕的《堂·吉诃德》中担纲演出主角姬特莉。

一九二四年六月底，这四名舞者在狄米特里耶夫的带领下，于列宁格勒（圣彼得堡当时的新名称）登上一艘蒸汽船，出发前往斯德丁[①] 的东普鲁士港。直到这艘船远远脱离苏联当局的管辖范围，他们才松了一口气。因为一如惯例，他们的文件在最后一刻被繁文缛节困住。“乔治是唯一平静的人，”吉娃写道：“他有很虔诚的宗教信仰，无论他需要什么，他都深信上帝永远在身边帮助他。”

不论他有多想要离开俄罗斯，也不论他的信仰有多虔诚，如果巴兰钦知道三十八年后他才能再度看到故乡，他都有可能会动摇，动摇但不意外。最重要的是，他相信命运。斯罗尼姆斯基回想起乔治小时候写的一首根据他的姓“Balanchivadze”所做的俄文离合诗[②]，其中一些词最后几个音节合起来正好是他的本姓。

命运向我微笑。
我是巴（Ba）。
我的人生命运已定。
我是兰（Lan）。
我看到成功的关键。
我是钦（Chi）。
现在我不再回头。
我是瓦德（Vad）。
纵然有狂风暴雨。
我是兹（Ze）。

① Stettin，现名什切青（Szczecin），波兰西北部城市，当时属德国。

② 各行首字母或尾字母或其他特定处的字母能组合成词或句的一种诗体。

第二章　与佳吉列夫

对这四名舞者与狄米特里耶夫而言，连从列宁格勒到斯德丁这趟船程都是个惊喜。首先，是有食物。“面包好像无限制供给。”丹尼洛娃写道，“因为怕挨饿，我们会用餐巾包好一些剩下的面包卷，偷偷带回房间。我们已经忘记吃饱是什么感觉了。”接着看到的每件事物都是那么干净，那么整齐——那么带有德国风格。他们从斯德丁辗转到了柏林，当时的柏林正值魏玛共和时期。对于这些“苏联舞者”而言，柏林看似热闹、奢华、堕落。但是柏林对这四个默默无闻的俄国舞者以及业余水平的戏服、布景和钢琴伴奏并不感兴趣。经过一个月的等待，他们在一间阴暗的表演厅有了一场悲惨的演出。丹尼洛娃与叶菲莫夫表演古典集锦，吉娃与乔治则跳一些“现代”舞。表演厅的经理取消了原定的第二场演出，而他们的钱快要花光了。吉娃将美丽的淡灰金色头发剪掉，卖给一名假发商人。

最后，通过当地一名演出经理人，这群人开始在莱茵河沿岸城镇展开一连串的演出。根据吉娃形容：“我们在肮脏昏暗的表演厅、夏日剧场、露天舞台、私人派对的舞厅、露天啤酒屋演出，还为精神病院的患者跳舞……我们最后一场演出是在曼兹啤酒屋的轻歌舞剧，鸟在头顶飞，舞台很滑，壮硕的观众喝着啤酒，偶尔还会突然唱起歌来。我们接在狗的杂耍节目后面演出。”

这时候夏季将尽，他们也到了该返回俄罗斯的时候，但是回到列宁格勒贫困与诸多限制的生活让人想都不敢想。当家乡送来一封电报命令他们立刻回去时，只有丹尼洛娃犹豫，毕竟她还是想回国演出《堂·吉诃德》。但是伦敦帝国剧院的十一月份的演出合约突然出现，她便决定晚一点结束西方世界的冒险。合约从伦敦抵达，而且“最后，我签了”。乔治当然毫不犹豫；如同吉娃所言：“我们已经尝到这个世界的滋味，而且还想要更多。不论发生什么事，我们都要留下来。”

事实证明伦敦的挫败跟柏林的一样惨。帝国剧院是一间演出轻歌舞剧的剧院，和马林斯基剧院不一样；所有的舞者都不会说英文；而且他们不了解轻歌舞剧表演的步调与准确性。两周之后，他们被开除了。因为没有工作，他们就无法待在英国。只有法国提供无国籍人士庇护，所以（如吉娃所言）“就是巴黎了”。

在巴黎发生的事情有各种各样的版本，当然，最具戏剧性的是吉娃的版本：他们在共和广场上的一间便宜旅馆要了几间房；他们完全没有名气，没有钱；狄米特里耶夫灵机一动：“我们何不把我们的钱赌上一趟蒙特卡洛之行，去见见佳吉列夫呢？他的舞团在那里准备这一季的公演，或许他会给你们这些孩子一份工作。”但是如果佳吉列夫拒绝他们，他们就没有足够的钱回巴黎了。乔治是唯一冷静的人，当吉娃问乔治应该怎么办时，他回答：“什么事也别做，我们等就是了。”

突然有人敲门，门房通报：“有乔治先生的电话。”

“我们面面相觑，我们在巴黎没有认识的人，而且当然也没有人在任何地方见过我们。我们满脸狐疑等着乔治回来。他走进来的时候，脸色苍白并缓慢地说：‘是佳吉列夫。’他说：‘他的经纪人从伦敦一路追踪，并花了五天的时间才在巴黎找到我们。’他深吸了一口气说：‘他明天想要跟我们所有的人见面。’”他们要在佳吉列夫的密友兼赞助人米希亚·塞特的家中试跳给他看。

不过，根据丹尼洛娃的说法，佳吉列夫在伦敦就已成功找到他们，他的先遣人员给他们送了一张条子，邀请他们前往巴黎。“唔，我们当然非常受宠若惊。”塔伯基本上采信丹尼洛娃的说法，他表示佳吉列夫给他们一份电报及交通费用，请他们前往巴黎进行试跳。在理查德·巴克尔所写的巴兰钦传记中，则大致上相信吉娃对廉价旅馆来电事件的说法。由于在芭蕾舞界大家都会知道各地发生的每件事情，因此佳吉列夫在列宁格勒的人脉提醒他，来自马林斯基剧院的四名大有可为的年轻舞者目前人在欧洲，听起来是十分合理的说法，他的俄罗斯芭蕾舞团一直都渴求有才华的古典芭蕾舞者。有些人的说法也很有道理，他们说佳吉列夫的年轻同事鲍里斯·科奇诺以及当时舞团里的重要舞者安东·多林在伦敦发现这一小团舞者并且赏识他们的潜力。

不论事实究竟为何，巴兰钦与佳吉列夫之间决定命运的邂逅终于发生了。丹尼洛娃被要求证明舞蹈才华时，有点生气，她不是马林斯基剧院的独舞者吗？相反，巴兰钦乐于展现他创作舞蹈的能力。佳吉列夫迫切需要编舞家，尤其他又被迫答应为蒙特卡洛歌剧团编制歌剧芭蕾，而巴兰钦向他保证，他能以“非常快的速度”创作歌剧芭蕾。佳吉列夫雇用了这四名舞者。几天后，巴兰钦在伦敦教导俄罗斯芭蕾舞团的一些舞者跳《葬礼进行曲》，向佳吉列夫证明他的实力，而不久之后，佳吉列夫的驻团编舞家布罗尼斯拉娃·尼金斯卡离团，巴兰钦接下她的工作。塔伯下了一个动人的结论："因此，乔治·梅立通诺维奇·巴兰钦瓦德兹，也就是今后世人所知的乔治·巴兰钦，在二十岁时，发现自己成了这个世界上最负盛名也是最杰出的芭蕾舞团的芭蕾总监。"

一九〇九年，伟大的表演经理人佳吉列夫在夏特莱剧院以他的俄罗斯芭蕾舞季风靡巴黎的艺术界与社交界。（一年前，他在歌剧《鲍里斯·戈都诺夫》中，将夏里亚宾[①] 介绍给了巴黎。）斯特拉文斯基的不协调音乐、巴克斯特与贝努瓦炫目华丽的布景、令人亢奋的尼金斯基、迷人的卡萨维娜、神圣不可言喻的帕芙洛娃（在她展开将舞蹈带到全世界的永恒使命之前，没有一个舞团或是表演经理人大到足以将她纳入旗下），以及福金的芭蕾作品（《仙女》、《火鸟》、《彼得洛希卡》、《天方夜谭》、《伊戈王子》的鞑靼人舞曲），使得早期的俄罗斯芭蕾舞团的舞季演出，先是在巴黎，然后是伦敦，都大获成功。但是到了一九二四年，福金早已离开，他的后继者马辛也走了（虽然必要时福金会回来露个脸）。奉献出《牧神的午后》、《游戏》和震惊世人的《春之祭》[②] 演出的尼金斯基，因为结婚而背叛佳吉列夫，也离开了舞团。而虽然尼金斯卡的《婚礼》和《母鹿》很成功，但是现在她也走了。

虽然早期成功的作品还在持续演出而且很受欢迎，但是佳吉列夫已经厌倦了俄罗斯的尚古主义和东方舞剧，并转向法国的美

---

① 俄罗斯男低音歌剧演唱家。

② 该舞剧于一九一三年在法国香榭丽舍剧院首演时，因为离经叛道的风格，造成音乐史上空前绝后的音乐厅暴动。

学：作曲家拉威尔、萨蒂、普朗克、米约、奥里克，剧作家谷克多，服装设计师香奈儿，以及巴黎画派艺术家马蒂斯、德兰、洛朗桑、非法国血统的毕加索。现在他网罗他们取代巴克斯特与贝努瓦来设计他的舞台。斯特拉文斯基现在也变得越来越西化。俄罗斯芭蕾舞团的观众（尤其是巴黎的观众）已经习惯于一直预期某些新玩意，现在轮到巴兰钦去满足他们了。

然而，他的第一项任务是让歌剧芭蕾重新展现活力。歌剧芭蕾是佳吉列夫与摩纳哥公国的协议中非常重要的一部分，因此必须严肃看待。大多数的歌剧芭蕾是标准的胡搞一通；虽然巴兰钦对歌剧芭蕾可说是毫无经验，但他还是用他惯有的活力、效率与能力投入这份工作。舞者们很高兴，因为能与拓展他们的可能性并让他们英姿焕发的编舞家共事，是一大乐事。而巴兰钦也让他们“感觉”很好；他散发出自信，却不自大，而且在他身边很有趣。“他的创造力相当令人耳目一新！”当时在佳吉列夫的舞团跳群舞的妮内特·德·法洛瓦写道：“他极佳的音乐感总是让他能充分利用所得的素材，即使是面对所有编舞家普遍害怕的创意表现——歌剧芭蕾。”她记得：“他第一次编的是在某部歌剧里面为我、杜布洛夫斯卡和丹尼洛娃所创作的一支三人舞，而我记得跳完舞后进入更衣室，我说：‘我认为他是个天才。’”

光是在前半年，他就已经为十六部歌剧编舞，从《茶花女》、《卡门》、《玛侬》，一直到《索罗庆采市集》。巴克尔告诉我们，光是在一九二六年初的两个月，他就“为《鲍里斯·戈都诺夫》创作了一支波兰舞，为奥涅格的歌剧《茱蒂丝》编舞，为《拉克美》编了一支印度舞，为《霍夫曼的故事》编了华尔兹和双人舞，并为古诺的《圣女贞德》编了‘中世纪’舞”。他在歌剧界中最重要的作品，是为拉威尔与柯莱特合作的《孩子与魔术》的全球首演所编的舞蹈，这也是他将来在职业生涯的过程中不断重温的一个作品。他的作品新鲜又有活力，使得摩纳哥的观众开始上歌剧院欣赏舞蹈，这在二十世纪的歌剧历史中是一种罕见的现象。他也从这些实作中学习到："威尔第处理合唱的方式，让我学习到如何安排跳群舞的舞者、整体演出效果与独舞者：如何在群舞的衬托下凸显独舞者，以及什么时候给他们时间休息。"他在俄罗斯芭蕾舞团负责的工作几乎全都是双人舞或小型群舞作品；真正的群舞是一项新的挑战，而他处理得轻松又快速。

佳吉列夫对巴兰钦的实力留下深刻的印象，他交付了巴兰钦第一项重大的任务：重新为斯特拉文斯基的《夜莺之歌》编舞，这是几年前马辛尝试失败的作品，但是原先马蒂斯设计的戏服，舞团还收藏在仓库里。这次的冒险在许多方面都很幸运。在多林的建议下，佳吉列夫与巴兰钦去了塞拉菲娜·阿斯塔菲耶娃[1]的伦敦工作室，看一名拥有惊人舞技的十四岁女孩，她就是莉莉安·艾丽西亚·马科斯，她马上就被雇用担纲演出斯特拉文斯基的夜莺，并很快改名为艾丽西亚·玛尔科娃。巴兰钦在《孩子与魔术》里也用了她。（"他要我从壁炉疯也似的用脚尖旋转出来；第二幕我是只小松鼠，以前我转得像陀螺一样，乔治非常喜欢。"）

更重要的是，《夜莺之歌》让巴兰钦与斯特拉文斯基有了第一次的接触，开启了一段对芭蕾舞史有重大影响的关系，就如同彼季帕当初与柴可夫斯基的初次相遇。"斯特拉文斯基用钢琴弹奏音乐。"巴兰钦回忆，"拍子完全正确……佳吉列夫（拿着手杖、

---

① 知名的舞蹈教师，她曾经训练出许多佳吉列夫的俄罗斯芭蕾舞团的舞者。

戴着单片眼镜）坐下来聆听。他想要每件东西更快，还要更快、更快。我为他改变所有。然后斯特拉文斯基过来说：'我不是告诉你慢点、慢点吗？'"巴兰钦听了斯特拉文斯基的话，通过《阿波罗》、《俄耳甫斯》、《竞舞》以及他们一起创造的其他杰作，巴兰钦在斯特拉文斯基的晚年也不断实践他的忠告。

在这段时间，巴兰钦也跳了各种各样的许多角色。至于他跳得如何，各方看法不一。吉娃认为他是名好舞者："轻盈又结实。"眼光独到的科奇诺（佳吉列夫的秘书，也是《浪子》与《科蒂荣舞》等芭蕾舞剧作家）说道："巴兰钦在少数几场芭蕾舞里，表现得很精彩。"不过他补充说明："他喜欢诙谐的角色，而且有时候他表演得太夸张。"德·法洛瓦说他"糟透了"。而对于经常与他搭档跳《欧若拉的婚礼》的玛尔科娃而言，他"是一个很棒的舞者。他动作优雅，而且还是一个了不起的伙伴，非常漂亮地展现舞姿。"一九二七年，他的膝盖受伤并进行了一场失败的手术，之后他大多把自己限制在具有特色的角色里：《三角帽》与《彼得洛希卡》里面的老人、《神奇玩具店》里的黑桃国王。在他自己的作品《海神的胜利》里，他担纲演出名为"雪球"的黑人奴仆的角色，跳了一支独舞。历史学家西里尔·博蒙特将之形容为："取材自步态舞[1]的一支舞蹈，充满微妙的对比律动、昂首阔步的步伐、装模作样的舞步和身体后弯前俯的起伏，赋予整体一种美妙的趣味。"吉娃告诉我们巴兰钦非常喜欢化妆："看起来越不像他本人，他越喜爱。"他在烈兹金卡舞曲（lezghinka，一种格鲁吉亚民族舞蹈）

① 最初是黑人奴隶们为自娱而发明的，意在嘲弄地模仿上流社会白人们那种矫揉造作的举止形态，后来却渐渐变成了一种舞蹈比赛，被评选出表演得最好的一对可以得到一块大蛋糕作为奖品，因而被称为"cakewalk"。

中扣人心弦的演出让他赢得满堂彩，而且据说他将福金的《火鸟》里面的邪恶巫师卡兹演得惟妙惟肖。一直到一九三〇年，尽管有膝盖不好等种种因素，他仍旧（在哥本哈根）跳尼金斯基在《玫瑰花魂》里的旧角色，只不过有略微的修改，据他的舞伴伯尔森所言："（他）跳得很好。"他对自己的舞艺有何看法呢？他告诉塔伯："事实上，我是一个很棒的舞者。"

佳吉列夫舞团的生活节奏十分愉快：每年固定在蒙特卡洛、巴黎、伦敦举行舞蹈季演出，偶尔在不同的欧洲国家进行短期公演。大部分的创意工作都是在蒙特卡洛完成。在巴兰钦的年轻朋友中，经常在他身边的有正在为佳吉列夫编曲（并疯狂迷恋吉娃）的弗拉基米尔·杜克利斯基（又名韦尔农·杜克）、伟大的小提琴家内森·米尔斯坦，以及他来自俄罗斯的密友弗拉基米尔·霍罗威茨。人们惯常来来去去、竞争与中伤、危机、胜利，以及灾难……俄罗斯芭蕾舞团所有的生活蠢事其实相当贴近人生。但是重要的工作却从未曾动摇：佳吉列夫清楚自己要的是什么，而且毫不留情地期望他的同事能达到他的要求。他留意每件事情，监督每件事情，也干预每件事情。当一名舞者的演出没有一流的水平，佳吉列夫会亲自或是通过他所信任的舞台经理谢尔盖·格里戈耶夫，冷冷地告知对方。乐团指挥必须严格遵守拍子的速度。佳吉列夫自己经常插手灯光的工作。他是一名经验丰富的音乐家，会告知作曲家委托他们制作的乐曲哪里不好并要求做修改。（他要求大幅修改《舞会》的配乐，使得作曲家瑞耶提终于写了封信给他："亲爱的佳吉列夫先生：这是你的《舞会》。它是献给你的，它属于你，随你爱怎么办，但是最重要的是，你别奢望我会再帮你工作！你永远的……”）

佳吉列夫对巴兰钦工作的监督程度很难评估。当然，他控制舞台设计、服装、灯光、音乐等所有层面。但是在实际编舞这部分，打从一开始他就给巴兰钦一定程度的独立性。佳吉列夫知道自己不是一名编舞家，但是与尼金斯基、马辛和尼金斯卡共事，一直以来他都是与新手打交道，而这些新手基本上都是他自己创造出来的。然而巴兰钦加入俄罗斯芭蕾舞团时，他已经是一个有自己的想法与方法的编舞家，是一个佳吉列夫可以雇用、教育以及提供建议但是却无法创造或甚至给予启发的人。他们私下的关系也从未变得很亲密，或许因为巴兰钦没有野心成为核心圈里的一员，也或许因为他是个无可救药的异性恋者。

在格里戈耶夫谨慎但是可信度很高的回忆录《佳吉列夫的芭蕾，一九〇九——一九二九》中，他说了一个奇怪的故事。一九二八年的舞季结束时，在巴兰钦的《母猫》和《缪斯的主宰阿波罗》等作品演出成功之后，佳吉列夫“狠狠辱骂巴兰钦，使我大为震惊：他说，他很想再也不跟巴兰钦续约！我想不出这突然改变的原因为何。但是我忍住不问，仅说我只想知道他是否打算留下巴兰钦。如果他要，那么我自己会安排合约。佳吉列夫沉默片刻之后，说道：‘随你便。’我松了一口气，因为马辛已经离开，巴兰钦是我们仅有的备用编舞家，合约终于得以平安续约。”

格里戈耶夫并没有继续去猜测佳吉列夫暴怒的原因，但是这似乎是一次不理性的愤怒，因为一九二五年之后演出节目表上所有成功的舞码都是巴兰钦的作品。又或许这才正是原因所在。独裁者未必会感激那些看似不可或缺的手下，福金的作品是俄罗斯芭蕾舞团的根基，佳吉列夫也同样毫不留情地看待他的离去，接着当他的招牌尼金斯基通过结婚宣告独立时，他依旧残忍无情。

几乎每个人都会谈论巴兰钦的幽默及好性情。经历过前面那几个难以理解、要求又高的编舞家之后，巴兰钦显然是一个受欢迎的改变。“他有最不凡的幽默感。”首席舞者莉迪亚·索科洛娃（原名希尔达·芒宁斯）说道，“他可以好几个小时说故事也不嫌累，工作起来也是一样充满活力。”德·法洛瓦写道：“我们爱他，因为他是个非常悠闲轻松的人，除了才华横溢，还很从容自在，当你与他共事时，你绝不会紧张……他是一个朋友，你是在为一个朋友做事。”德·法洛瓦告诉以芭蕾主题电影《红菱艳》走红的莫伊拉·肖勒，在舞团的课堂上，“他总是在后面咯咯笑和胡闹”。杜克在他辛辣的自传里将巴兰钦形容为“提弗力斯的捣蛋鬼”，他印象中，“乔治或许是世上最讨人喜欢的生物，他早就因为不按牌理出牌的个性而出名，并且结合完全愚蠢无意义的行为与毫不在乎的任性，到了前所未闻的程度”。他也告诉我们，巴兰钦喜欢弹吉他，并用粗浅的英文，唱出他自己对目前突如其来的成功的看法：“人人都爱我的身体，但是我的身体除了我之外谁都不爱。”好吧，他当时只有二十一岁。

无疑，我们得到的印象是，一个性格快乐、工作努力的好伙伴。蒙特卡洛的生活非常愉快：美好的天气、美食、爱情。毕竟，当时是喧嚣的二十年代，而且这里是里维埃拉[1]。米尔斯坦记得他们一起结伴玩耍：他、霍罗威茨、巴兰钦与丹尼洛娃：“我们每个人全陷入爱河，分分合合。”

---

① 地中海岸的度假胜地。

事实上，巴兰钦与吉娃已经分手，她是个有才华的舞者，但是却不到丹尼洛娃或其他芭蕾女伶的水平，而且佳吉列夫很清楚地表示无意大力栽培她。她的乔治正成为舞团的核心，而她则在外围。她独自前往巴黎（乔治似乎没有察觉）。她回来，演出更好的角色。她有了一个情夫——一个西班牙侯爵，“英俊、富有、有头有脸、聪明、有眼光”而且“疯狂爱我”（而且还是已婚）。然而，很快地她的地位再度变糟，佳吉列夫正在捧爱丽丝·尼基蒂娜，后者的情人是赞助舞团的罗瑟米尔勋爵，而乔治已经与昵称“乔拉”的丹尼洛娃交往。当吉娃听到知名的歌舞剧团“蝙蝠”正在找新团员时，她毛遂自荐并很快被延揽参加他们即将到来的美国巡回公演。乔治好心地为她创作了三支特别的舞蹈，后来在纽约造成轰动。（她一直引以为傲，因为是她把巴兰钦的作品引介到美国。）巴兰钦在晚年告诉伏尔科夫：“我第一次结婚的时候，年纪还小，根本不在乎。结婚……就结婚了，然后我们一起出国。在那里，你环顾四周，有这么多不凡的女子。而我的妻子（吉娃）开始脱离我们的生活，我们俄罗斯式的生活。她说法文与德文。她不停想着要去某个地方、看某些事、做某些事。我感觉到她已经培养出新的兴趣。然后我想，该是结束这一切的时候了。”好聚好散。

那是巴兰钦事后回顾的说法。在他与伏尔科夫谈话的好几年前，他曾经对塔伯承认，吉娃的离去伤了他的感情，“但没有很严重”。不过“另一个女人”丹尼洛娃在她的回忆录里面说了一个完全不一样的故事：在伦敦的某个晚上，“乔治来到我房间帮我按摩脚”。然后他吻了她的脚。她“有点吓到，但是当时我想，好吧，这只是一个亲密的动作”。大约一周后，她问叶菲莫夫，乔治为什么看起来很哀伤。可拉说:“问他啊。”她说她已经问过了,可拉告诉她:“再去问啊。”所以她又问了一次,而巴兰钦说:“哎呀,你不知道吗?我爱你。”“不,不可能。”她说,“怎么会?那塔玛拉呢?”他说:“嗯,我不爱她。”

她大为震惊,心烦意乱,而当她无意中听到吉娃说:“我一个最好的朋友抢走了我的丈夫。”她更加感到不安。乔治告诉吉娃他的感觉时,乔拉看得出吉娃“很受伤”,但是如果他不再爱她了,她也不愿意和他在一起。乔治对于乔拉的态度越来越坚定,威胁要离开,去美国。(“有人给我一份工作。”)乔拉努力思索:“我们从九岁就认识对方。”(事实上,他们是在她十岁时相遇。)“我们看着彼此长大成人,我们曾经一起跳舞。在马林斯基剧院跳《唐怀瑟》,维纳斯堡的那一幕,我们合跳《酒神之舞》,这支舞要求我们拥抱。然后,我记得,生平第一次,我的心跳加快。”在进一步深思之后:“我认定我爱他,我想要和他在一起。”不幸的是,他们一起离开俄罗斯时,乔治与塔玛拉并未带着他们的结婚文件,所以当时他们无法办理离婚。塔玛拉走了,乔拉搬进来,“很高兴能和他在一起,但是我却哭了,因为我一直梦想要当新娘,穿着白色的长礼服走过教堂的走道”。因为这一遗失结婚文件的奇怪状况,一般都认为丹尼洛娃是巴兰钦五个妻子中的第二任妻子(她不是合法的妻子),或是“非正式的”妻子。(由于他们在一起的期间,他们似乎认为他们已经结婚,而且其他人也这么认为,所以我把她算进巴兰钦的妻子里。)

舞团忘记这次的外遇丑闻后,乔拉所到之处都是以乔治的妻子自居,而且也没有人跟他们要过证明文件。他们住在一起的生活既平顺又愉快。他们从来没有吵过架,不只是因为乔治很容易相处（他们从未争吵过）又相当地慷慨，而且“我们不是那种灵魂坦诚相见的关系。没有必要，因为我们从小就认识对方……在某种程度上，我们是彼此最好的朋友。”我们可以这么说：丹尼洛娃是当时巴兰钦身边最接近家人的人。

但是毫无疑问，这段关系最重要的是因为丹尼洛娃是一个非常有才华的舞者，拥有机智、优雅与非常美丽的双腿，如同德国女演员黛德丽的双腿在电影界的地位一样，这双腿也将在芭蕾舞界声名大噪。由于丹尼洛娃在马林斯基的古典训练（她在学生时期就已经出类拔萃）以及迷人的舞台风采，她成了佳吉列夫舞团的重要新人，即使她并没有马上被排在前面和中心的位置。跟所有人一样，她被丢进数不尽的歌剧芭蕾，但是巴兰钦在《夜莺之歌》成功之后的第一个作品《巴拉鲍》里面让她小试身手，后来又让她以黑脸的装扮演出名为《弹簧小丑》的小品之作。在巴兰钦于一九二六年底特别为伦敦编排的盛大芭蕾舞剧《海神的胜利》中，丹尼洛娃有突破性的发展。佳吉列夫听从他的英国赞助人罗瑟米尔勋爵，将这个以英国为主题的芭蕾舞剧搬上舞台。该剧由英国作曲家伯纳斯勋爵负责谱曲，剧本则出自萨谢弗雷尔·西特韦尔之手，而舞台背景则接受建议，采用色彩丰富的维多利亚玩具剧场。（科奇诺记得与佳吉列夫去一间阴暗的伦敦商店，花了整整好几天陪他“穿梭在一大堆数也数不清、满布灰尘的舞台布景雕刻品中，这些雕刻就像是《杰克与巨人》、《四十大盗》和《银色宫殿》等童话剧里使用的道具。”）丹尼洛娃记得巴兰钦再次安排了单手举人的动作，那正是从前在学校的时候，巴兰钦第一次的编舞作品《夜之舞》中完全创新、让观众为之震惊的动作。（他总是在做“回收再利用事业”。）丹尼洛娃也跳了一支角笛舞曲博得满堂彩，而这整场创新演出是巴兰钦到当时为止最成功的表演。

在佳吉列夫最后的十一部芭蕾舞作中，有八部是巴兰钦编的作品，其中四部非常重要。这时候，佳吉列夫有了新欢，是尼金斯卡从基辅引进的塞居·利法尔，面貌姣好，起初他几乎无法胜任。不过他有极大的野心而且非常努力，在短短几年内，他已经变成舞团的首席男舞者。他在《巴拉鲍》中担任主角；在《田园诗》里演出送电报的少年一角，迷恋杜布洛夫斯卡所饰演的电影明星；在《海神的胜利》饰演英雄（水手塔格）。但是让利法尔真正成为明星的舞剧却是一九二七年巴兰钦的《母猫》。这部根据伊索寓言所改编的作品说的是一只猫变成女人，而爱上她的男人在看到母猫露出本性奔出追捕老鼠后失望而死的故事。伟大的芭蕾女伶奥尔加·斯帕丝维切娃饰演母猫，虽然她是出了名的欠缺音乐才能，但是佳吉列夫与巴兰钦都非常喜欢她。利法尔饰演爱上母猫的男人，巴兰钦呈现他身上雌雄同体之美，同时巧妙地掩饰他技巧上的弱点。《母猫》非常成功，虽然当时一如往常，多数的功劳都归于佳吉列夫在芭蕾舞剧中所掌控的部分：剧本、音乐，尤其是雕刻家贾柏及佩夫斯纳设计的结构主义风格的舞台布景，以及令人吃惊的戏服（服装有一部分是由赛璐珞制成的）。佳吉列夫团队里的英雄人物少有编舞家。

由乔治·德·基里科设计舞台的《舞会》是另一部成功的作品，这是巴兰钦第一部用舞会或派对作为背景的作品，接下来还有《科蒂荣舞》、《梦游女》、《圆舞曲》、《情歌圆舞曲》、《维也纳圆舞曲》。丹尼洛娃记得这些舞步“非常跳跃”，她杰出的演出则是另一项成就，但是按照她在回忆录里的陈述，蒙特卡洛首演时，她是唯一没有收到花的独舞演员。佳吉列夫问巴兰钦怎么可以忽略这种礼节，“隔天晚上，巴兰钦送我一百朵玫瑰，做成巨大的花束送到台上。花多到我无法全部扛回家。”这则逸闻反映了巴兰钦的慷慨大方，以及他无法花心思在任何他觉得不重要的事情上。

一九二八与一九二九年出现了两部巴兰钦为佳吉列夫创作的伟大作品，留存至今，这是两部公认的杰作。《缪斯的主宰阿波罗》（今多称《阿波罗》）是巴兰钦第一部真正与斯特拉文斯基合作的作品，巴兰钦后来称这部作品是他生命的转折点。为弦乐团编写的配乐唤起一个不同于《火鸟》、《彼得洛希卡》、《春之祭》的庞大管弦乐团的世界。它散发出和谐、安静的自信。巴兰钦马上了解到这部作品对他而言的伟大与可能性。他说明斯特拉文斯基的音乐将不必要的音乐语言剥除，让他有勇气剔除自己作品中不必要的东西——“敢于不使用我所有的点子”。这部作品也帮助他了解到一部芭蕾作品必须有它自己的一套语汇、舞步和动作，这些元素全都自成一个宇宙。

《缪斯的主宰阿波罗》述说阿波罗的诞生（起初他是一个无礼的年轻人）以及他受到九位缪斯女神中的三位女神——英雄史诗缪斯卡利俄佩、颂歌缪斯波吕许谟尼亚及舞蹈缪斯忒耳普西科瑞的启迪。他将他的七弦琴放在一边，坐在一张普通的凳子上，并请她们向他一一表明身份。在她们跳了三支独舞之后（中间插入他的舞蹈），他（当然）选择了忒耳普西科瑞作为他个人的缪斯。现在，获得神性的他可以与这三位女神登上帕纳塞斯山[1]。

① 根据希腊神话，此山为缪斯的住所，是音乐与诗的故乡。

《阿波罗》大胆结合古典主义与现代主义，成为舞蹈界中新古典主义的重要作品，影响所及不只是巴兰钦未来大量的作品，还有二十世纪芭蕾的发展。然而，当时没有人猜想得到这部作品有多大的影响力，虽然作曲家尼古拉斯·纳博科夫描述，在一次排演中，曾经听过佳吉列夫转向德安并说道："他正在做的是非常了不起的事。它是纯粹的古典主义，是彼季帕以来我们从未见过的。"即便如此，在斯特拉文斯基担任指挥的巴黎首演成功之后，佳吉列夫屈身亲吻的却是利法尔的腿；在这之前他只在《玫瑰花魂》首演之后对尼金斯基做过一次同样的事情。塔伯挖苦地表示："没有人愿意亲吻编舞家的腿。"

《阿波罗》的创作过程并不如这部芭蕾舞本身和谐。巴兰钦是根据丹尼洛娃打造忒耳普西科瑞的角色，但是罗瑟米尔勋爵已经指定要由他的"女门徒"尼基蒂娜（一个比较差的舞者）担纲演出重要的巴黎首演，所以丹尼洛娃被换掉。然后到了开幕夜，忒耳普西科瑞的独舞无法确切跳出精髓，而佳吉列夫罕见地做出错误的判断，他坚持这支舞很无趣必须删除。巴兰钦与斯特拉文斯基很生气，所以双方有了争吵。巴兰钦声称问题不在这支独舞，而是在于尼基蒂娜。不过，这支独舞在第二晚的演出被删掉，随即又恢复，巴兰钦则做了一些调整。从那时候开始，尼基蒂娜与丹尼洛娃就轮流跳这个角色，而丹尼洛娃获得了伦敦首演的机会。（"除此之外，我推想，对芭蕾舞来说，伦敦跟巴黎都是重要的城市。"）丹尼洛娃说，巴兰钦对于之前发生的事情感到不悦，但是他照常没有对她提起只字片语。（要知道，这两个人是以丈夫与妻子的身份住在一起。）笨拙的戏服也有问题，佳吉列夫的好友香奈儿以斜纹毛织物制作的简单希腊短袍很快就取代了这些笨重的戏服。

《阿波罗》在极短时间内完成，丹尼洛娃形容："舞步直接从他的脑中倾泻而出。"但是刚开始舞者要掌握这些舞步并不容易："我们是第一批诠释巴兰钦的舞蹈动作的人，也是第一批找出诠释方式的人。这些舞步非常难跳，要靠第二代的舞者利用我们已完成的部分并在这个基础上加强……我们花了好一段辛苦的时间去掌握这个新风格并找到方法去表现它。在开幕当晚，我们都为参与某个新事物感到兴奋……我们知道自己已经完成某件伟大的事情。"

《阿波罗》的伟大留存至今，但是自从一九二八年以来，芭蕾历经剧烈的改变。该剧拿掉原先"古老的"布景与戏服、战车、阿波罗的桂冠花环；然后在二十世纪七十年代，巴兰钦删除阿波罗出生的场景并重新处理结尾，删掉最后登上阶梯抵达太阳的部分。在不同时期，他也会调整某些舞步，例如苏珊·法雷尔接演忒耳普西科瑞一角时。即便如此，《阿波罗》仍是一眼就能辨识的作品，对这个神的教育故事，同时也是一个男孩成长为男人的故事，人们的反应是它充满了令人难忘的瞬间、段落与强烈的感动。而且所有热爱舞蹈的人都会对它有特别又深刻的共鸣，因为阿波罗选择忒耳普西科瑞正象征了对舞蹈表达的敬意。

一九二八年底有一个不重要但是非常成功的作品《落难之神》，由英国指挥家托马斯·比彻姆将亨德尔的音乐改编成管弦乐曲并担任指挥（而且他非常富有的父亲一直都是佳吉列夫最忠实的赞助者）。该剧由丹尼洛娃主演，巴兰钦于一九二八年伦敦舞季期间花了大约一周的时间完成编舞。然后在一九二九年，《浪子》上演，由普罗高菲夫谱曲，法国画家鲁奥设计舞台布景（他花了太多的时间，他们不得不从他手中抢走草图）。这个改编的圣经寓言故事除了作品本身令人吃惊外，还显示出佳吉列夫对严肃舞剧抱持的新使命，这也令人感到惊讶。该剧当然就像《阿波罗》一样，仍然由当宠的利法尔主演，虽然格里戈耶夫告诉我们佳吉列夫已经对利法尔"相当冷淡"，他认为利法尔"狡猾又阴险，太有野心，也太喜欢自我宣传。"

或许故事本身有某些东西吸引了佳吉列夫：剧中的年轻人怀抱着可悲的内疚与懊悔，爬回他父亲的身边（真的是用爬的）。在他的眼里，尼金斯基背叛了他，马辛也背叛了他（他竟敢也跑去结婚），而巴兰钦正展现出独立的种种迹象。这部舞剧的启示是：浪子，要小心。在这部作品中，巴兰钦不只设法流露出对愚蠢的浪荡子的强烈同情，后者的骄傲、世俗财富，甚至连衣服都被迷人、冷血的女妖给剥夺，他也流露出对那名严厉父亲的同情。舞蹈动作的独创性、与女妖共舞的双人舞惊世骇俗（巴兰钦的老同事塔拉斯形容这支舞是"性爱合集"）、所传达的感情深度……这一切因素将《浪子》与像《天方夜谭》等早期舞剧的演戏技巧或是戏剧行为做了区隔。利法尔在《浪子》里的演出再度获得极大的成功，扮演女妖的杜布洛夫斯卡也一样。她说当佳吉列夫与巴兰钦叫她回家思考她的角色时，她决定用类似蛇的冷血个性来处理这个角色。后来最伟大的女妖们全都具备这种冷酷、无人性的性格。

巴兰钦先是为杰罗姆·罗宾斯，后来又为了爱德华·维莱拉（浪子后来成为他的招牌角色）数度赋予《浪子》新的生命，他也教巴瑞辛尼科夫跳这支舞。但是塔伯转述，巴兰钦告诉他，利法尔是所有的“浪子”中最能打动人心的，他也是让人印象最深刻的阿波罗。这并不意外，因为这些角色是为他量身打造的，以反映他专跳特定角色的特质。另一方面，在创作《浪子》四十五年之后，巴瑞辛尼科夫将加入纽约城市芭蕾舞团时，我问巴兰钦是否要为他创作新的作品（当时我正在筹划舞团的舞季公演，必须知道他的想法），他严厉地回答我：“佳吉列夫要我为利法尔编舞，我再也不做那种事。巴瑞辛尼科夫是很有用的舞者，可以做任何事情，我们不必把他当明星看待。”换句话说，无论他有多欣赏巴瑞辛尼科夫的才华，必须遵从佳吉列夫的命令仍然令他怨恨难消，而且在纽约城市芭蕾舞团，编舞家才是明星。

不管巴兰钦在这方面是否对佳吉列夫怀有恨意，他也承认佳吉列夫是他艺术生涯里的关键因素，后者看出他的才能，教育他，磨炼他，授予他非凡的机会。“正因为有佳吉列夫，”他后来表示，“才有今日的我。”一九二九年的夏天，健康状况越来越不稳定的佳吉列夫突然因为糖尿病死于威尼斯。这个剧烈的冲击对俄罗斯芭蕾舞团是无法估算的损失。在巴黎，沉稳、不轻易表现出情绪的格里戈耶夫收到一封电报：“佳吉列夫今早过世，通知剧团，利法尔。”他写道：“我把这封可怕的电报读了一次又一次，我不能接受。佳吉列夫死了！这个消息好像太荒谬了。然后，当我逐渐认清这个事实，我的头开始晕眩，生平第一次，我昏倒了。”

至于巴兰钦，他当时在伦敦的一间电影制片场，准备与莉迪亚·洛波科娃（经济学家凯因斯的妻子）和多林为英国第一部有声电影《深红色玫瑰》拍摄舞蹈场面。一名送报生从旁经过，多林注意到佳吉列夫的照片在头版上，高喊：“佳吉列夫死了！”他冲回去将这个噩耗告知其他人。

这个消息永久地改变了舞蹈界的形态，拥有才华、离乡背井的一群人将因此花上数年时间挣扎着重新为自己找到某种长远的定位。对于巴兰钦而言，这意味着四年的流浪，即便不是陷入一片混乱，也是陷入不确定与焦虑的情绪中。他的天命是创作舞蹈，但是创作舞蹈需要稳定的机构，而当时世界上这样的机构非常稀少。

第三章　自食其力

当时在所有西方世界芭蕾舞团中，巴黎歌剧院芭蕾舞团是最大也最有名望的。一九二九年，佳吉列夫过世后几个月，该团的行政主管贾克·罗赫邀请巴兰钦以贝多芬的《普罗米修斯的生民》筹划一部新的两幕芭蕾舞剧，尽管巴兰钦对于该舞团恶名昭彰的政治斗争与背后中伤的传统必然有所疑虑，但他还是立刻接受邀请。另外，该舞团也提议要聘请他担任芭蕾总监。但是他在着手进行这项新任务不久之后就病了。他的健康状况一直都不是很好，现在他被一场致命的肺炎打倒，病情一度危急。肺炎后来演变成肋膜炎。重病期间，他当然无法为巴黎歌剧院舞团完成这部计划由利法尔主演的作品，而巴兰钦推荐接替他完成工作的人正是利法尔，虽然后者几乎没有编舞的经验。

利法尔与他的同事每天会到巴兰钦的房间，接受建议与指导，使编舞得以继续。利法尔不断问他："你认为我可以吗，乔治？"而乔治则不断向他保证。巴兰钦的肋膜炎演变成结核病时，利法尔已经能够自己编舞，而最后终于进行首演的《普罗米修斯的生民》，创作人只署了他一个人的名字。在这段期间，巴兰钦被安排住进疗养院，丹尼洛娃将他安置在帕西的一间医院里，位于上萨瓦省的阿尔卑斯山区。他独自一人待在那里，发着高烧又虚弱。医生们决定割除一片肺叶，但是他断然拒绝；两年前他曾经有过一次完全失败的膝盖手术，而且他觉得他需要完全康复才能继续担任编舞家。如同他一生中经常发生的状况，他让命运去决定他的未来。

疗养院坚持进行他厌恶的严格食疗法。“我在这里的生活并不快乐，”他写信给科奇诺，“唯一的好事是我还抱有希望，我希望我的老朋友六号左右来这里休养的时候可以见见他们。很显然，他们会发现这里并没有太多的欢乐气氛等着他们，但是他们可以休养。我们能睡很多，而且食物多到从耳朵溢出来。”客人并没有来，但是他的确按照自己主张的方式康复了。三个月之后，他身体状况好到足以返回巴黎并重拾他的生活。然而这次经历的确影响了他。几年后他对舞者拉塞娜·鲍里斯说：“你知道，事实上我是个死人。我原本应该死，而我没死，所以现在我所做的每件事情都是第二次得来的机会。”

回到巴黎，巴兰钦与丹尼洛娃到巴黎歌剧院去看《普罗米修斯的生民》的演出，这部作品相当成功。当他们试图走到后台向利法尔恭喜的时候，却被挡在门外。根据丹尼洛娃的说法，乔治告诉守门的人：“嗯，你们一定弄错了。”并给利法尔留了信息。来人回话说：“利法尔先生不想见巴兰钦先生。”塔伯遗漏了这个故事。在塔伯酝酿传记的漫长时间里，巴兰钦若非否认就是选择遗忘这一段回忆。而且，塔伯描述巴兰钦与利法尔有一次碰面，他恭喜利法尔的成功，还提及他或许会争取巴黎歌剧院芭蕾舞团总监的职务。利法尔劝他不要，这也难怪——几天之后，歌剧院芭蕾舞团宣布将由利法尔担任新一任的芭蕾总监。

巴黎歌剧院芭蕾舞团关上了门（考虑到该机构的拜占庭本质，或许也算是好事一桩），巴兰钦立刻离开巴黎，前往伦敦。飞黄腾达的剧场制作人 C.B. 科克伦雇用他为一九三〇年的“科克伦歌舞秀”筹划舞蹈节目。巴兰钦马上配合展览馆剧场的狭小空间限制以及科克伦秀的时髦气氛，规划出一系列非常适合这个剧场的舞蹈与喜剧。这些作品短小精致，其中最让人印象深刻的应该是《月乐园》，由伯纳斯勋爵谱曲，科奇诺编写剧本，故事是关于表演杂耍的畸形人的，其中一位是罗瑟米尔勋爵的女门徒尼基蒂娜（在她的回忆录中，她声称让科克伦注意到巴兰钦的人是她），她饰演一个独眼的人；叶菲莫夫也有演出（他有两颗头），而无论巴兰钦与利法尔之间可能存在什么仇恨，利法尔也出演了，巴兰钦多给了他两双手臂。这场演出是一次大成功。

巴兰钦离开伦敦前去哥本哈根，他在那里受聘担任丹麦皇家芭蕾舞团的客座芭蕾总监。丹麦人认为他们想要一些新的东西，但是巴兰钦的新想法太新了；巴兰钦了解丹麦人真正想要的，是符合佳吉列夫、福金、马辛的标准的作品——《天方夜谭》、《三角帽》、《神奇玩具店》。他一如往常乐于给人方便，他在丹麦只推出了两部自己的作品：丹麦人喜欢的《阿波罗》和不喜欢的《巴拉鲍》。在这期间，他与乌拉·波尔森在一场慈善演出中合跳《玫瑰花魂》，她透露巴兰钦也跳了《仙女》中男舞者的角色（他只跳过这么一次，而且她说他跳得“出色极了”）。她也谈到巴兰钦专注于芭蕾的智慧：有力的手势和诉诸情感的舞蹈内容，有别于马林斯基剧院舞团所训练出来的俄罗斯古典盛期风格。她本人很珍惜与巴兰钦共事的所有经验并坦承：“我唯一做不到的是跳出真正有巴兰钦风格的芭蕾，因为我的腿不够有力。”但是对于该舞团与巴兰钦而言，双方都认同这次的实验是失败的。巴兰钦在写给科奇诺的信里说道：“这里的人是蠢蛋，大家什么都不懂，只有看到某个像三明治的东西，他们脑袋才会想到一些什么。”[①] 无论如何，在一个以奥古斯特·布农维尔[②] 的精致、当地化的芭蕾风格为主的舞蹈世界里，巴兰钦不可能得到一个永久的位置。

他从哥本哈根带了一对青金石耳环给在巴黎的丹尼洛娃，她很失望：“我一直期待能收到钻石，所以我把这对耳环丢在他的脸上。”她也把他之前送的一瓶廉价香水也丢在他身上。最糟糕的是，巴兰钦从丹麦用船运来了一辆很时髦的绿色新车，而且丹尼洛娃还特地穿了一套与这辆车颜色很搭的衣服，但是车在进口税方面却存在问题，而根据传说，他干脆把车子送给甲板上一个完全不认识的陌生人来解决这个问题，又一次让丹尼洛娃失望。

现在他回到伦敦，从事滑稽剧的工作，这次是为大剧场的经理人奥斯瓦尔德·斯托尔爵士工作（十六名可爱的十六岁巴兰钦女孩舞团）。巴兰钦拿到丰厚的薪水，但是除了住在他一直很喜欢的伦敦之外，他对这份工作兴趣不大。他定制高雅的西装，学会转雨伞，甚至在海德公园骑马。但是当他为斯托尔做的工作结束时，他无法继续待在英国（即便是凯因斯的影响力也无法让他取得必要的文件），因此他回到了巴黎，丹尼洛娃也一起回去了。

因为众多传闻不一，所以无法确定究竟是哪次回家途中发生了青金石耳环危机，但是很显然的，巴兰钦与丹尼洛娃的关系已经完了。他们甚少同时出现在同一个城市，也不再一起替固定的

① 丹麦三明治是当地的代表性食物。

② 主持丹麦皇家芭蕾舞团近五十年的丹麦编舞家。

芭蕾舞团工作（这意味着他再也无法为她编舞），而且他们的个性不合。丹尼洛娃对于金钱很实际，实事求是，野心勃勃；巴兰钦则不在乎金钱，没有心机，消极被动。他们似乎也不是基于热情而在一起生活，反而更像是工作情谊，没有涉及太多的情感。到她把东西往他身上丢的时候，他们比较像是意大利即兴喜剧[①]里的人物，而非认真看待彼此的情人或是丈夫与妻子的角色。她接受了一份在伦敦的音乐喜剧的工作，并写了一封信给巴兰钦，暗示如果他们给彼此自由，对双方都比较好。“隔了很久都没有他的回音，然后终于寄来了一封信，信上说如果我想要离开他，我应该随我意愿去做，就这样。”她声称她仍然爱着他并想念他，但是他们两人向来都不信奉一夫一妻制，而且他们似乎很快就不再懊悔了。

正如所料，佳吉列夫四散在外的团员开始重新组团，试图接续他的以及他们自己的志业。重起炉灶最合理的起点是蒙特卡洛，俄罗斯芭蕾舞团已经在那里经营多年，那里的歌剧季仍然需要舞者与编舞家，而且那里已经有一群芭蕾观众。知名的社会党政治家莱昂·布鲁姆的弟弟雷内·布鲁姆才华横溢，是新俄罗斯芭蕾舞团的团长，他邀请乔治从一九三二年一月开始担任为期四个月的客座芭蕾总监,与佳吉列夫的另一个老帮手科奇诺一起担任“艺术指导”。丹尼洛娃自然希望受邀一同参与，但是巴兰钦告诉她，她并不适合他的计划：所有的人都必须是年轻、年轻、年轻，而“坦白说，你就是太老了”。二十八岁的丹尼洛娃很不高兴。（不

---

① 起源于十六世纪意大利的一种有即兴对白和夸张动作的通俗喜剧。

过最后那句话是她说的。巴兰钦在二十世纪四十年代再度为她量身编舞:《舞蹈协奏曲》、《梦游女》、《挪威之歌》,并多次与她一起编舞,例如一九四六年为俄罗斯芭蕾舞团编《雷蒙达》,以及最重要的一次,一九七四年为纽约城市芭蕾舞团编《歌碧丽亚》。而且她在美国芭蕾学院教舞数十年,直到一九八九年,也就是巴兰钦过世六年后退休。她认识巴兰钦最早也最久,从她对他提出的敏锐看法来看,她可能也是最了解他的人。)

巴兰钦一点都不想追随佳吉列夫的脚步,他甚至宁愿把"俄罗斯"这个字眼从舞团的名字中删除,但是这个标志在整个欧洲已经拥有太大的吸引力,不容舍弃,"蒙特卡洛俄罗斯芭蕾舞团"是管理阶层最后决定采用的名称。巴兰钦并非双手空空地抵达蒙特卡洛,他在巴黎发掘了三名舞艺精湛且非常年轻的女孩:塔玛拉·托玛诺娃、艾琳娜·巴洛诺娃及塔季扬娜·里亚布钦斯卡,关于她们的年龄众说纷纭,十二、十三、十四或十五岁——任君挑选。〔当时参与这个舞团的英国舞者戴安娜·古尔德(后冠夫姓梅纽因)后来表示:"我们庆祝托玛诺娃的十五岁生日的次数,已经多到我记不得了。"〕这些女孩就是有名的"宝贝舞星",她们与丹尼洛娃和玛尔科娃将会主宰西方的芭蕾界,直到二十世纪四十年代。她们之中有两人是由伟大的马林斯基芭蕾舞团明星普列奥布拉耶纳斯卡一手调教出来的,另一名则是受教于还要更伟大的马林斯基舞团明星克谢辛丝卡娅。多年来,这两名流亡海外的芭蕾女伶一直在芭蕾舞界保有重要的影响力。

这三名女孩的外表与个性都不一样。托玛诺娃有着苍白的脸孔与乌黑的头发,很迷人,而且相片中的她看起来比实际年龄成熟。她也乐于展现她令人惊艳、停都停不下来的"鞭转"。巴洛诺娃迷人又有魅力，同时也是一名杰出的古典芭蕾舞者。里亚布钦斯卡有着非常率直的锐气与风格。除了都受过一流训练，她们还有几个共通点：她们都有保护心很强（竞争心也很强）的“妈妈”，而且她们都崇拜巴兰钦。如同沃克在她为这个舞团的历史所撰写的珍贵著作中所述：“她们都爱上了他，就像家政学校的女孩子可能都会迷恋英俊的音乐老师。”

在蒙特卡洛的几个月期间，巴兰钦为从《游唱艺人》到《先知》等近二十出歌剧创作芭蕾作品。但是他最在乎的是他正在创作的两部新芭蕾舞剧——《竞争》与《科蒂荣舞》。前者是一个轻松愉快的故事，关于两名互相竞争的裁缝师、他们喜欢比来比去的老婆以及他们的顾客。拥有德安设计的亮丽戏服与舞台布景，以及作曲家奥里克讨喜的配乐，这套舞码在舞团的表演节目单上盘踞多年。《科蒂荣舞》除了美妙的配乐出自夏布里耶之手，还有更为深远的意义：在巴兰钦“失传的”芭蕾作品之中，它是令所有看过这部作品的人最感到遗憾的一部作品。（最近有人试图重建这部作品，但是完成度还不够，无法成为一般表演的节目。）

一名少女准备参加舞会，宾客们抵达并受到科蒂荣舞大师的欢迎。舞会有由丑角、骑士、西班牙人表演的舞蹈助兴，然后是一支神秘的双人舞“命运之手”，之后接着一场算命的戏，然后是令人兴奋的结尾，女孩跳着数不尽的“鞭转”，而宾客们则绕着她旋转。这个女孩就是托玛诺娃，用凯瑟琳·索利·沃克的说法形容，正是这支舞让托玛诺娃“进入一个时代的记忆里”。从一开始，《科蒂荣舞》就同时对观众与评论家施了魔咒。“致命舞会的气氛，”舞评人库顿写道，“每个动作与姿势所蕴含的堕落之美、甜美的罪恶感成功营造了气氛。”而“气氛”是与这支芭蕾最息息相关的字眼。现存的简短影片片段显示出这项特质，但是库顿的话又诡异地预言，巴兰钦一九五一年的《圆舞曲》对于气氛有更出色的诠释，只是对此我感到怀疑。

巴兰钦与蒙特卡洛的蜜月期很快结束，不久他就离开了。原因众说纷纭。最戏剧性的说法是莱昂·布鲁姆有点阴险的合伙人瓦西里·德·巴希尔上校毫不留情接管了这个舞团，没有知会巴兰钦，就直接雇用了马辛取代他的位置。而大家都知道巴兰钦曾经如此形容德·巴希尔："一只章鱼，一只狡猾的章鱼，而且有糟糕的品位。"也有可能巴兰钦与科奇诺只是受够了德·巴希尔。沃克明智地表示没有人开除任何人，也没有人辞职；当四个月的合约结束，就不续约了。无论如何，巴兰钦一如往常做好准备，并渴望迎接下一步。

他与科奇诺回到巴黎，已经在讨论新的芭蕾作品，即便他们没有舞团，没有赞助人，也没有钱，但是他们还有托玛诺娃（她坚持跟随巴兰钦），以及其他一些来自蒙特卡洛舞团的舞者。本着"米考伯先生"[①] 的精神，巴兰钦相信事情一定会有转机，而且也的确如此——一个叫作爱德华·詹姆斯的英国年轻富翁认为，如果他把一个芭蕾舞团作为礼物，送给任性的维也纳舞者暨女演员蒂莉·洛施，可能有助于他们的婚姻。塔伯提醒我们："把芭蕾舞团当成礼物送给爱人是比卡地亚的钻石项链更华贵的礼物。"（这个计谋并没有得逞：詹姆斯与洛施很快被卷入离婚诉讼的丑闻，但是在这之前他已经花了大约一百万法郎在巴兰钦的芭

① 狄更斯的小说《大卫·科波菲尔》里的人物，一个老是幻想突然走运的乐天派旅馆老板。

蕾 1933 舞团之上。)

洛施是一个惹人注目但技巧有限的表演者，巴兰钦充分利用所有的素材，很快为她筹划了三部作品，其中两部是很重要的。取材自舒伯特《流浪者的幻想曲》的《流浪者》，有帕约尔·切利乔夫设计的舞台灯光、“戏剧效果”和所有戏服（除了爱德华·莫林诺克斯为洛施所设计的那套戏服）。照片与舞评显示，这支舞非常具有艺术气息：阴影与扩散的灯光，以及雕像般的动作（除了让洛施管好她十码长的裙摆外，巴兰钦并没有为她设计太多困难的动作）。艾格尼斯·德米尔以比较尖酸的语气写道：“巴兰钦的才干让她看似按节拍跳舞。但是就算巴兰钦尽全力，他还是无法让她有感情地波动。”德米尔也无法被同样充满野心的《七大罪》所感动，这部作品由库尔特·魏尔谱曲，贝尔托·布莱希特编剧，还有两个安娜——洛施跳舞，罗蒂·兰雅[①] 唱歌。

巴兰钦以飞快的速度为芭蕾 1933 舞团筹划的六部作品中，有三部是为忠诚的托玛诺娃所创作，而巴兰钦终其一生都相当喜欢其中一部作品的配乐：柴可夫斯基的《莫扎特风》[②]。托玛诺娃回想绰号“宝贝”的画家克里斯蒂安·贝拉尔时说：“(他)让我穿上黑色短蓬裙，长度到膝盖上，帽子上有鸵鸟毛。我扮演一匹高贵的赛马，骄傲，并不自负，而是外表尊贵，因技术高超而流露骄傲。这是巴兰钦赋予我的，并没有装腔作势。优雅、有力、高贵，没有任何笑容……一切事物都带着尊贵，但却是快速、令人兴奋、有活力的。”（德米尔认为这部作品“非常薄弱”，但是她被托玛诺娃给征服了：“我坐在那里哭泣。”）《莫

① 魏尔的歌手妻子。

② 又名第四号组曲。

扎特风》是一次很大的成就，但是虽然巴黎欣然接受这个舞团，视之为时髦的大事，这些芭蕾作品本身并没有带来特别优渥的收益。当舞团于一九三三年夏季在伦敦开幕时，面对巴希尔的俄罗斯芭蕾舞团的压倒性竞争，这些作品并不受赏识。很快地，詹姆斯－巴兰钦舞团在一阵混乱的歇斯底里、反控与诉讼中宣告失败。

巴兰钦加入芭蕾 1933 舞团时已经表明他希望走的大胆路线，但是在眼前的未来，他能这么做的可能性似乎很小。寥寥无几的机会使他无法独立实现他巨大的艺术野心。但是一如往常，他并没有替自己规划进程。命运自会插手，而且也的确发生了：一名热爱芭蕾的美国年轻人来欧洲想寻找一位天才编舞家并说服他去美国开办古典芭蕾舞团。

林肯·柯尔斯坦是波士顿费林百货公司其中一名所有人的儿子，而且他的父母鼓励他（或至少没能成功劝阻他）追求为艺术奉献的生涯。在哈佛念大学时，他协助创办了哈佛当代艺术协会（纽约现代艺术博物馆前身）；他曾经出版过一本诗集及一本小说；而且他曾参与创办并编辑一本具有影响力的文学杂志——《猎犬与号角》，刊登庞德、艾略特、克莱恩的作品，并发表了柯尔斯坦本人向佳吉列夫致敬的文章。当柯尔斯坦意识到自己没有能力成为舞者时，他决定仿效佳吉列夫，他这样描写佳吉列夫："他创造了专属于他自己的时代品位，在二十世纪前二十五年，他奠立了唯一可称为极致的美学标准，也是为整体创意提供了唯一伟大市场的人。"他为尼金斯基着迷，在美国（通过他住在英格兰的优秀姐姐米娜）依靠"布卢姆斯伯里那帮人”[①] 以及他们与佳吉列夫交友圈的关系，他在一九二九年夏季意外碰到佳吉列夫在威尼斯的出殡行列：如果真有预兆的话，这就是一个。到了现在，一九三三年，他准备采取行动。

在他一年数次的欧洲之行中，他对《阿波罗》、《浪子》与《母猫》留下深刻印象，这些作品是巴兰钦在佳吉列夫时期最优秀的成果。他刚看完巴兰钦为芭蕾 1933 舞团编制完成的作品，而且他也听了形形色色的人（包括切利乔夫在内）建议他：不论走到哪儿，年轻的巴兰钦都是最有才能也最独特的芭蕾总监。切利乔夫对他说：“我亲爱的孩子，如果你想要从事芭蕾事业，就用巴兰钦。只有他有可能，没别人了——日前如此。”此外，他或许也愿意。地位稳固的马辛或是利法尔有什么必要为了这样轻率的计划而放弃俄罗斯芭蕾舞团或巴黎歌剧院舞团呢？

柯尔斯坦一直在帮尼金斯基的妻子萝莫拉处理她先生的传记，通过萝莫拉，他第一次与巴兰钦碰面是在芭蕾 1933 舞团于伦敦萨沃伊剧院的一场演出时。（“巴兰钦走出来，看起来憔悴又疲累。”）但是就在下一周的七月十一日当天，巴兰钦与柯尔斯坦在他们共同的朋友科克·奥斯基家里的厨房开始进行讨论。“巴兰钦看似非常锐利、专注、冷漠，”柯尔斯坦在他的日记里写道，“确切地说，他并非绝望，但是也没有任何希望。我希望我们能进行得很顺利；但是他对于再次碰面的事情只字不提。”然而他的确提到美国的学生“有活力，可以擦出火花”。在这个礼拜之内，这本日记又描述：“巴兰钦说，在他离开俄罗斯之前，美国就一直是他的梦想；他现在愿意为它冒任何风险。”巴兰钦于七月十六日

① Bloomsbury Set，一九〇四年到第二次世界大战期间活跃于伦敦布卢姆斯伯里地区的文学团体，成员包括伍尔芙等人。

表示同意之前，柯尔斯坦一直悬着一颗心等着他决定去冒这个险。对巴兰钦而言，柯尔斯坦的提议必定看起来像是救命索，同时也让梦想成真。但是他十分小心，双方必须协调一些适当的安排。

在美国，柯尔斯坦有两个正在等待消息的伙伴。其中一个是他的哈佛同学爱德华·沃伯格，他来自非常富裕的银行家庭，被柯尔斯坦说服认真参与计划，而且已经准备好要出资实现这些计划。另一名合伙人也是他哈佛的友人 A. 埃弗里特·奥斯汀，昵称奇克。他当时是康涅狄格州哈特福德市华兹华斯艺术博物馆的馆长，计划中的芭蕾学校就打算设在那里。七月十六日，就在柯尔斯坦与巴兰钦长谈之后，他写了这封有名的信给奥斯汀："这将是我这辈子写给你的信中最重要的一封……在我写信的时候，我的笔在我手中发烫……我们很有可能在三年的时间内拥有一个美国芭蕾舞团……我要一个礼拜才能听到你的回音，但是除非收到你的回复，否则我睡不着。只要告诉我'着手进行'或是'不行'……未来在我们的手里。"七月二十六日，回信来了，信里的讯息是着手进行。八月六日，奥斯汀宣布，已经安排好一些资金挹注这项事业。两天之后，他再度发出电报："放手去做，合约必须严密，十月十五日开始，尽量马上处理。拿照片，宣传。博物馆这边愿意合作；迫不及待。奇克。"

几天之后，柯尔斯坦在巴黎与巴兰钦及弗拉基米尔·狄米特里耶夫会面，双方尽力完成初步协议。八月十一日，这三个人开始处理具体细节，由狄米特里耶夫发号施令。自从带领巴兰钦、丹尼洛娃和其他人离开布尔什维克党统治下的俄罗斯以来，狄米特里耶夫一直帮助他们处理实际的问题并抽取佣金。在目前的讨论中，他们坚持两件事情：在美国，他们必须先开办学校，接着才是舞团，而且狄米特里耶夫一定要参与。双方同意狄米特里耶夫将伴随巴兰钦前往美国，他们也相信托玛诺娃与她的母亲还有其他一些舞者会一起去。柯尔斯坦通通都同意，并立刻出发前往美国铺路。据理查德·巴克尔描述，柯尔斯坦八月底返抵美国时，与巴兰钦之间如火如荼的电报往返内容如下：

八月二十九日，巴兰钦发给柯尔斯坦："等待你的决定，狄氏一定要参与。"同一日，柯尔斯坦发给巴兰钦："当然完全没问题，九月十五日前解决小麻烦……反应热烈。""小麻烦"包括资金、签证和托玛诺娃非自愿的背叛，巴希尔让她误会巴兰钦的计划，骗她重新加入俄罗斯芭蕾舞团（也有可能是她母亲最后决定放弃去美国的计划）。柯尔斯坦的决心与干劲，还有朋友们的稳定支持，战胜了一切，到了十月十日，所有的事情都已经安排妥当。巴兰钦发电报给柯尔斯坦："搭乘'奥林匹克号'。如果帮我们通知吉娃我们到了，将感激不尽。"

在抵达西方世界九年之后，二十九岁的巴兰钦踏上了前往新世界与新生活的旅途，他唯一的人脉是他几乎不认识的二十六岁的柯尔斯坦，以及六年没有见过面的前妻。

第四章　前往美国

一九三三年十月十八日，载着巴兰钦与狄米特里耶夫的“奥林匹克号”停靠在纽约，迎接他们的是柯尔斯坦与沃伯格，二人急于带他们参观这个城市，并热切盼望他们会喜欢。他们马上开始就芭蕾学校事宜认真讨论（这所学校将被命名为美国芭蕾舞学校，反映出巴兰钦的决心：他此行前来要教的是“美国的”芭蕾舞）。两个危机马上浮现，康涅狄格州首府哈特福德不是一个适合接替圣彼得堡、巴黎、伦敦和蒙特卡洛的地方，而且巴兰钦没多久就决定不在那里建立他的学校（和他的人生）。对于大力帮助柯尔斯坦把巴兰钦接来美国的奥斯汀来说，这成了一件不得不忍受的苦差事。然后巴兰钦生了重病，由柯尔斯坦的姐姐米娜照顾了大约一个月才康复；这次生病能痊愈，显然与大量的鸡蛋、奶油和乳脂食品有关，这样的饮食让他在三十天内胖了三十磅。即便如此，医生们还是断言他只有几年可活。

由于哈特福德已成为过去式，他们在曼哈顿为芭蕾学校找到一个新地点，就位于麦迪逊大道和第五十九街口，是邓肯的舞蹈教室旧址。他们预告学校的正式开课日期是一九三四年一月二日，到了十二月底，已经有一些学生报名入学。教职员包括巴兰钦、皮埃尔·弗拉迪米洛夫（一名非常优秀的舞者，他曾经是帕芙洛娃的舞伴及马林斯基芭蕾舞团的首席男舞者）和多萝茜·利特菲尔德（来自费城的年轻舞者兼教师）。管理人员包括发号施令的狄米特里耶夫，他认为柯尔斯坦与沃伯格完全是外行人（他们当时的确是外行人）；沃伯格负责财务；而柯尔斯坦则负责他最喜欢的工作——宣传。

很快地，有更多的学生陆续入学。前六个月的入学名单里，有许多舞者会在接下来十年中与巴兰钦共事：其中包括威廉·多拉尔、路易·克里斯坦森与哈罗德·克里斯坦森兄弟、帕卢什、吉塞拉·卡恰兰扎、拉塞娜·鲍里斯、安娜贝尔·莱昂。这些是他会用的舞者，因为他们是他根据自己的理论与喜好所训练出来的舞者。美国已经不乏有才能的舞者，有些人是福金训练出来的（他在纽约有一间很成功的舞蹈工作室）；其他人则是由脱离帕芙洛娃和佳吉列夫的巡回公演舞团的舞者自行成立的芭蕾舞学校所训练出来的。但是这些舞者不会按照巴兰钦要求的方式跳舞，而且必须重新训练。这正是他觉得必须先设立一间学校的原因：以便制造基本的材料，然后可以从中创作他想要创作的芭蕾舞。

事后回想起来，托玛诺娃和俄罗斯芭蕾舞团的其他舞者没有跟着他来纽约，似乎是件好事，他们远比那些他从头教起的学生更为完美，但是他不打算仿效俄罗斯芭蕾舞团的舞码或风格。再者，这是“美国的”芭蕾学校，他与柯尔斯坦所组成的第一个舞团跳的也将会是“美国的”芭蕾。柯尔斯坦这样描写美国的年轻女孩：

> 不是优雅苗条的娇小女郎；她们是篮球冠军与网球

场的女王，她们适合的领域是体育竞技。她们有长腿、长颈、瘦臂，也有能力表演无数精湛的特技动作。（巴兰钦的）眼中满是二十世纪三十年代的鼓乐队指挥、高中足球队的啦啦队……垂死天鹅的哀婉与优美、资深芭蕾舞伶的纯净与庄严都将被一种利落敏捷所取代，主张的是运动本身的快乐以及运动冠军的技巧。

为了教导学生（一些他们可以应付但是又能加强他们能力的东西），巴兰钦于一九三四年三月开始为他们打造一部新的芭蕾作品。这部作品就是《小夜曲》，它可能是他最喜欢的原创作品。关于《小夜曲》的诞生有一些知名的典故：为什么是十七名女孩的组合，因为他开始编舞的那天只有十七名女孩；他如何把某天有个女孩迟到了（莱昂）、另一个女孩跌倒（海蒂·瓦斯勒）等姿态加进舞蹈动作里。鲍里斯在《小夜曲》开始编排的第一天就参与，而她在迄今尚未发表的回忆录中记载着，某天上完课之后，巴兰钦宣布："休息……我们将编一些舞步。"每个人都知道那代表什么意思："我们这些他所挑选的美国舞者，将要开始排练一支为我们创造的新舞！美国的芭蕾将要产生！"

首先他一一带领每个女孩走到芭蕾教室的中间，让她按照他的设计仔细摆好姿势。"画面出现……它完全不像我以前曾见过的群舞位置安排——通常是一堆看不见面孔的人排成几条直线在独舞者的后面跳舞。在乔治·巴兰钦先生创造的线条中，所有人都能被看见！"

每天他花两三个小时编排《小夜曲》。鲍里斯出身大都会歌剧院，那是非常不同的歌剧芭蕾世界，她为这个过程感到着迷。

她本人后来成为一名杰出的编舞家，而她是以一个编舞家的角度观察创作的过程的：

> 巴兰钦先生并没有清楚、仔细或是技术性地塑造他的舞步：他简短说明这些舞步，飞快地跳过一遍，常常同时喊出身体与手臂姿势的动作名称。他跑、跳、转身、转向，将看起来像是即兴创作而非技术练习的课堂舞步做成不同的组合。他一个接一个地迅速摆出动作，它们互相融合——让他常常看起来像个万花筒——流畅、灵活、不受约束。他一路倒在地板上，然后弹起到空中；他跪下，伸展身体站起来，将我们的手臂与躯干彼此交错又分开。看着他飞奔在舞者之间，摆放手臂的姿势，将头歪向一边，让身体弯曲，我总想到花丛间的蜜蜂——他看起来既认真又快乐。当他对努力成果感到满意时，就轻声地咯咯干笑。我们变成这个过程的参与者：与大家一起创作舞蹈时，他与我们分享他的快乐。有时候他的动作组合似乎让他自己觉得意外，他会问："你可以做出这个动作吗？你跟我说这样是舒服还是不舒服？"……"你必须告诉我你能不能用脚尖跳舞，我是男人，我不踮脚尖走路。"我觉得他信任我们——喜欢与我们一起工作——希望我们也跟他一样，与他为我们所创作的舞蹈有密切的关系。日复一日，与乔治·巴兰钦先生一起排演，变成探索新的舞蹈方式，永无止境。

这是三十岁的巴兰钦工作时的样子。这是他第一次在美国创作，但也反映了他终其一生的许多作风：看似即兴演出的快速创作；考虑舞者的舒适以及尊重他们的能力；自信；乐于示范。“他工作的速度与技艺是很惊人的，”数十年后，保罗·泰勒写道：“排演时间很精简，从来不花时间解释概念、诗的意象或是动机。”经常去五十九街的芭蕾教室观看排练的作曲家艾略特·卡特写道，“当你看见巴兰钦指导跳舞、向他的舞者说明他编的舞蹈，看起来就像是他时时刻刻都在创作，仿佛任何事情都没有计划，仿佛是即兴创作……但是当这支舞真正在舞台上演出时，它一点都不像即兴创作，你能看到他心中完整的东西。”玛莎·葛莱姆在他们合作《插曲》时，以更具诗意的方式形容这个过程（按照塔伯的描述）：“就像观看光线穿越一个棱镜。音乐穿过他，并且同样以棱镜折射光线那种自然且令人赞叹的方式，将音乐折射成为舞蹈。”

到了六月，《小夜曲》完成了，虽然几年后巴兰钦对这支舞进行内容扩充并重新改编，甚至改变它的风格（帕卢什记得，后来它变成了“福金风格”，而且事实上它经常被称作巴兰钦的《仙女》），但当时它是“非常锐利、非常精确的”。沃伯格要求父母让《小夜曲》以及另外两支芭蕾舞，在他们靠近纽约怀特普林的庄园举行户外演出，作为他二十六岁的生日礼物。尽管没有管弦乐队（只有一台放在灌木丛中的钢琴），而且学生表演人数不足，还下着雨，加上狄米特里耶夫以伟大的俄罗斯传统制作舞台布景，但演出还是进行了：有《小夜曲》以及另外两部芭蕾 1993 舞团的作品——《莫扎特风》和《梦》。沃伯格家的草坪“从来没有从这次的冲击中复原”。

六个月之后，他们进行了第一次公开演出，在不计前嫌的奥斯汀在哈特福德的剧院，这个场地被证明并不适合演出，表演本身也不是很好。除了《小夜曲》，这次的演出还有两部主打的新作品：《母校》是关于一个穿着浣熊皮外套的大学足球队浑小子，由美国作曲家乔治·格什温的朋友凯·斯威夫特谱乐，知名的漫画家小约翰·赫尔德设计服装，并由沃伯格本人编剧（当巴兰钦拒绝参与一场真正的足球赛时，他感到很懊恼）；另一部叫《超越》，以李斯特的音乐为背景的浪漫芭蕾，由柯尔斯坦编剧。

这是这个舞团第一次使用它的名称："美国芭蕾舞团"。这个名称以及其中一支芭蕾舞以美国通俗文化为主题，都反映了当前对美国文化的兴趣。巴兰钦与柯尔斯坦必须背负的十字架之一是：在美国唯一有重要地位的舞评人——《纽约时报》的约翰·马汀强烈反对他们的事业，因为他认为巴兰钦太欧洲、太俄罗斯，不属于美国。他后来建议，美国芭蕾舞团最好能"摆脱巴兰钦以及他的欧洲见解，并雇用一名优秀的美国舞蹈家"。

一场在纽约举行、为期两周的舞蹈季总算安排妥当，美国芭蕾舞团于一九三五年三月一日在艾德菲剧院开演，演出的节目包括必有的《小夜曲》、《梦》、《母校》、《超越》，还有芭蕾1933舞团的《流浪者》，以及巴兰钦为了迎合传统派人士而赶制的一部赚钱作品：名为《回忆》的俄罗斯风格余兴表演。可想而知，马汀与观众比较喜欢最后这部作品。巴兰钦让吉娃取代洛施的角色，在如画般的《流浪者》中演出，吉娃已经再婚并在纽约崭露头角，她穿上洛施的莫林诺克斯绿色长礼服，看起来美极了，而根据鲍里斯的说法，她让班上以及舞团的所有年轻美国女孩得以一窥欧洲及巴兰钦过去的纯熟技巧与魅力。

有了艾德菲剧院小小成功的基础，舞团安排了一次预计长达十四周巡回六十个城市的公演。这次的巡演于十月份在康涅狄格州的格林威治高中展开，并在普林斯顿与哈里斯堡各停留一晚，然后在斯克兰顿爆发内部危机，巡演经理将所有的进账卷走逃跑。根据鲍里斯所言，巴兰钦对舞团说："你们手上的那张名单，巡回公演，现在没有了。巴士就在外面。请你们上巴士回纽约。明天来上课，我们再来思考该怎么做。"但是他们已经知道自己要做什么。大都会歌剧院在八月份就已经向美国芭蕾舞团提出担任驻院舞团的邀请，让所有人都大感惊讶。柯尔斯坦兴奋不已："大都会歌剧院的规模之大让我陶醉不已。"已经花太多年创作歌剧芭蕾的巴兰钦比较没被冲昏头，但是一如往常，他顺从命运的召唤。毕竟，柯尔斯坦确信，在沃伯格的庄园、哈特福德和斯克兰顿的耻辱之后，他们在大都会歌剧院的芭蕾之夜将会充满冒险，也是让巴兰钦可以进行"大规模"创作的好机会。柯尔斯坦还是老样子，总是想得太美，巴兰钦则抱持审慎的乐观。

打从一开始，美国芭蕾舞团与大都会歌剧院就格格不入。这个剧院散发霉味又满布灰尘；没有时间进行排演；管理部门对于戏服与舞鞋很小气；空气中弥漫着大蒜的味道。最糟糕的是，巴兰钦越努力想让歌剧芭蕾焕然一新，他越成功，剧院的管理者就越不高兴：他们不希望转移观众对演唱者的注意力，而且他们批评巴兰钦不尊重传统。巴兰钦加以反驳："当然不，大都会的芭蕾传统是糟糕的芭蕾。"当时已经加入舞团的路易·克里斯坦森谈到他与伟大的女高音罗莎·庞塞尔被凑在一起演出《卡门》。后者不肯花时间与他排演，在舞台上第一次碰到他，就猛地将一杯红酒（柚子汁）泼到他的脸上，并强吻他至少六秒钟。根据柯尔斯坦描述，中场休息时间，身为摩门教徒的克里斯坦森说："我想她是试图要在神与众人面前诱惑我。”

在一九三五年底到一九三六年夏季期间，巴兰钦为十三出歌剧创作舞蹈，而且他的芭蕾作品偶尔也会排在演出时间较短的歌剧之前：《小夜曲》、《莫扎特风》、《流浪者》或《回忆》，用来丰富《韩塞尔与葛雷特》等主秀的演出内容。除了可以得到稳定薪水的舞者外，没有人满意目前的状况。第二年舞团出乎意料又被续聘一年，或许对大都会的管理者而言，沃伯格必要时会提供资金是个吸引人的因素。

巴兰钦在大都会工作期间，发生了两件重大的事情。第一是大都会的管理者令人吃惊地决定允许巴兰钦把格吕克的《俄耳甫斯与欧律狄刻》搬上舞台，由前卫艺术家切利乔夫设计舞台布景与戏服。舞台属于舞者；演唱者则在乐池表演。根据柯尔斯坦的说法，观众“完全没有准备好接受似曾相识的神话与音乐转换成一个艺术家、妻子与工作的英雄式家庭伦理悲剧；地狱成了强迫劳动营；永生不是快乐的天堂，而是一个看似天堂的天体，时间与空间交错其中”。事实上，观众窃笑又打呵欠，而评论家则把它当成笑柄。但是有少数人（柯尔斯坦也是其中之一）感觉到这部实验性作品是一个重大的成就。而且他承认大都会管理部门是“礼貌性地没有责难”。《俄耳甫斯与欧律狄刻》获得两次演出机会，然后就被贬入历史。

更重要的事件是巴兰钦的第一个斯特拉文斯基舞蹈节，于一九三七年四月二十七日与二十八日在大都会歌剧院举行。有了沃伯格的资金，巴兰钦可以委托斯特拉文斯基写新的乐曲，最后的成果就是《纸牌游戏》（法为名 *Jeu de Cartes*，这部芭蕾作品有不同的英文名称：*The Card Party, The Card Games* 以及 *Poker*

Game。)。巴兰钦的《阿波罗》首度在美国上演（当时采用的名称是《缪斯的主宰阿波罗》)。巴兰钦还首度用《仙女之吻》这首曲子来编舞，这是斯特拉文斯基向柴可夫斯基致敬的作品，一九二八年由迷人（又有钱）的伊达·鲁宾斯坦委托制作并曾由尼金斯卡编舞。巴兰钦日后会数次重复演出这个故事与曲子。

由艾琳·莎拉夫负责服装与设计的《纸牌游戏》，灵感源自斯特拉文斯基的点子。小丑牌通过三次不同的发牌不断跟人头牌捣蛋，直到他终于被大同花顺打败。一部诙谐但短暂的作品，一九五一年纽约城市芭蕾舞团重新上演这部作品，之后并没有维持很久。数十年后，彼得·马丁斯采用这支曲子创作出新的芭蕾作品。

在美国当时最优秀的古典芭蕾舞者路易·克里斯坦森身上，巴兰钦找到了一个高贵的阿波罗。柯尔斯坦表示:“在利法尔身上，巴兰钦得到的是一个可能会变成年轻男人的男孩。在美国，在路易·克里斯坦森的身上，他发现了一个可能拥有潜在神性的年轻男人。”舞评人马汀发现,《阿波罗》反映出佳吉列夫时期的“附庸风雅与装模作样”；他也不喜欢配乐（有些人就是难以取悦)。在这三支舞中,他最喜欢《仙女之吻》。但是他也写道,整体而言,“美国芭蕾舞团让自己赢得光荣”，而且更出乎意料的是，这次为期两天的演出竟然大受欢迎。

但是这次的成功不足以保住巴兰钦与大都会的关系，双方的关系已经磨损到无法弥补。打从一开始这就是一次诡异的结合，巴兰钦的作品时髦、充满活力，在美学上与歌剧院一成不变的想法和作风格格不入。沃伯格津津乐道的一件事，清楚显示了巴兰钦与大都会歌剧院彼此不合。一名德国舞台导演跟他说：“巴兰钦先生，你知道瓦格纳的歌剧《莱茵的黄金》吗？”根据沃伯格的转述，巴兰钦回答“嗯”。这名导演继续说：“在大都会歌剧院，莱茵河少女们高挂在舞台上四十英尺高的秋千上，而且还游泳。我希望她们是跳芭蕾舞的女孩。至少有一个应该是黑头发，另一个是棕发，还有一个是金发。她们必须擅长音乐，才懂得‘如何’游泳。她们必须了解德国，才知道‘什么时候’该游泳。最重要的是，巴兰钦先生，她们必须不会呕吐！”

巴兰钦没发牢骚，却语出惊人。“大都会歌剧院是一堆废墟。”他告诉媒体，“而且每天晚上，舞台工作人员把废墟碎片拼凑起来好让它看起来有点像歌剧。”他有离开并公开表达愤怒的自由，因为现在他有非常成功又赚钱的事业同时进行着：百老汇与好莱坞。

第五章　百老汇与好莱坞

一九三五年底，巴兰钦在大都会歌剧院为《拉克美》、《茶花女》、《浮士德》等歌剧排舞，同时他也为预计在一九三六年推出的百老汇“齐格菲富丽秀”编舞，该演出由他的老友杜克作曲，伊拉·格什温填词。演员阵容包括：鲍勃·霍普、范妮·布莱斯、伊芙·阿登、哈丽叶特·霍克特、尼古拉斯兄弟，以及才刚从巴黎来到美国的约瑟芬·贝克。贝克是巴兰钦在法国的老朋友，他为她策划了名为“上午五点”的古典芭蕾演出。（几年后，他回忆：“她有漂亮的长腿……美极了。”）虽然有这些振奋人心的元素，这场秀还是失败了。不过等到这出剧在纽约开演的时候，巴兰钦已经开始着手进行歌剧《纽伦堡的名歌手》的编舞工作。

两个月之后的一九三六年四月，出现了一部让巴兰钦在百老汇版图上占有一席之地的音乐剧，这部作品也改变了音乐喜剧的舞蹈本质。这就是《引趾待舞》，由罗杰斯与哈特[①] 负责配乐、乔治·阿伯特导演，并由吉娃（还能有别人吗？）与优秀的职业舞者雷·博尔格主演（后者日后因为演出电影《绿野仙踪》的稻草

① 理查德·罗杰斯与洛伦茨·哈特为二十世纪初美国颇负盛名的作曲搭档。

人角色而闻名全球)。这是第一出将舞蹈加入故事情节的表演，不仅为编舞家德米尔的《俄克拉何马》铺路，也是(在巴兰钦的坚持下)首度以“编舞家”一词指称创作舞蹈的人。而且这次的演出造成很大的轰动。第一幕最精彩的部分是谐拟芭蕾舞剧《泽诺比娅公主》，戏仿过时且带有东方风格的《天方夜谭》。但真正博得满堂彩的是第二幕的《十号大街上的杀戮》，在这一幕中，故事中的英雄(博尔格)必须不断跳啊跳，以防被敌对的男芭蕾舞者所雇用的恶棍所刺杀。

巴兰钦的参与必定启发了理查德·罗杰斯，让他为《十号大街上的杀戮》一幕创造出富有诱惑力的音乐，而且罗杰斯也力赞巴兰钦的才华与专业。罗杰斯后来谈到，起初他对于要和俄罗斯的芭蕾天才合作感到紧张，预期两人之间的相处会与这个表演节目一样高潮迭起。“我预料他会有激烈的脾气……我怕死他了。我问他……他是不是先设计舞步然后才编写音乐以配合这些舞步，还是用什么样的方式?当时他用浓厚的俄罗斯口音回答:‘你写，我配合。’”博尔格的说法也是一样:

> 毫无疑问，巴兰钦是这个世界上的天才，一个非凡的人……他聪明，行动敏捷又幽默，而且当他发现新事物的时候会很开心。罗杰斯的音乐对他而言相当具有挑战性。他可以看出音乐主题的美妙之处，能察觉许多浪漫色彩，而且他也能了解我所扮演的角色的纯真。所以他创作了一支完全没有肢体接触的性感芭蕾舞。“不能有碰触。啊，不，不，不能有碰触。”我会伸向(吉娃的)胸部，然后她会举起手。她的手抬起来之后，我的手会

伸出去，然后她会跃起……“不能碰到！不能碰到！”

这真是一种全然的乐趣。

后来这两个男人在一部名为《禁踏草坪》的失败音乐剧里，再次合作芭蕾《雅贼》，并接着于一九四八年在弗兰克·莱瑟轰动一时的音乐剧《查理在哪里？》合作深受欢迎的曲目《一旦爱上了艾咪》。“我非常崇拜这个男人。”博尔格后来表示，“巴兰钦是舞蹈界里对我的人生影响最大的人。”

就在发表《引趾待舞》之后一年，巴兰钦参与了第二次罗杰斯与哈特的演出《娃娃从军记》，这是他们第一部演出超过一年的作品。这一次，巴兰钦的创作是一支“梦中芭蕾”，这是音乐剧中的创举（同样启发了后来的《俄克拉何马》）。他以几乎是难以置信的精力，在进行《娃娃从军记》的同时，也在大都会歌剧院筹划他的斯特拉文斯基舞蹈节。

由于《引趾待舞》的成功，塞缪尔·戈德温[①]将巴兰钦延揽到好莱坞去为《水城之恋》编舞，这部电影由乔治·格什温负责配乐。一九三七年春季，巴兰钦和几名俄罗斯友人出发前往加州，他第一眼就爱上了加州的天气、超市及当地的女孩。唯一的不幸是格什温突然过世，在过世之前他只为这部电影写了五首歌曲，后续工作由维尔农·杜克接手。无可避免地，巴兰钦的艺术抱负，以及戈德温与他新雇用的帮手之间意见不合，造成了种种的灾难，但是在他们度过一场危机之后（戈德温否决了巴兰钦为《一个美国人在巴黎》精心制作的芭蕾舞，因为巴兰钦的摄影技巧对于这

① Samuel Goldwyn，米高梅电影公司的创办人之一。

个老板而言实验性质太高），摄影棚内所有事情都进行得很顺利，棚外的人生则复杂多了。

前一年，在《引趾待舞》的首演晚宴上，巴兰钦遇到一位非常美丽的舞者，她的艺名是维拉·佐里娜（本名布丽吉塔·阿特维格，在真实生活中，人们都叫她布丽吉塔）。有一半德国一半挪威血统的佐里娜是俄罗斯芭蕾舞团的独舞者，而且她曾经与年纪很大（且已婚）的编舞家马辛有过一段热烈又不幸的感情。依照佐里娜在她的回忆录里面所述，她与乔治被介绍认识时："他人很好，我人很好，气氛很好。"回到欧洲，她得到《引趾待舞》在伦敦公演时原属于吉娃的角色，而她说她迫不及待就接下了这个角色，因为她想要跳巴兰钦的作品。伦敦的演出不如预期，但是当时戈德温已经对她产生兴趣并提供好莱坞标准的七年独家合约，她的第一部电影是《水城之恋》。她告诉我们，她同意演出的唯一条件是巴兰钦得为这出剧编舞。

巴兰钦与丹尼洛娃分手后，一直到他与佐里娜在好莱坞命运般的邂逅之间的几年，他的生活里有过许多女人。虽然他自认并非英俊：他跟塔伯形容自己"个子挺矮，有着鹰钩鼻和啮齿动物般的门牙"，但是许多女人都觉得他非常迷人。他与许多为他跳舞的女人有过风流韵事，而且众多情人和朋友都曾经形容他是一个非常喜欢美色的男人，然而他并不是个登徒子：他一次只追求一个女人，而且非常慎重。据米尔斯坦所言，虽然他在"谈到音乐时活力十足又风趣"，但当话题转到女人时，他则变得比较保留。"英俊又优雅，百分之百的大情圣，他得体地避免夸耀自己的战绩。"从吉娃与丹尼洛娃在回忆录中描述的她们与巴兰钦的生活可知，虽然他确实曾爱过她们，但是她们都没有在他心中激起强烈的热情。他从未将全身心交予他人，或许因为他童年时时常独自生活，已经训练他在情感上能自给自足。他三十二岁时遇见佐里娜，情感的闸门打开了。

露西娅·达维多娃形容自己是巴兰钦“最亲密的柏拉图式女友”，她曾经嫁给吉娃的第二任丈夫（舞蹈圈很小）。她几乎是在巴兰钦刚到美国时就认识他，而且一直到五十年后巴兰钦过世，他们始终维持非常密切的关系：几乎所有巴兰钦的活动中，甚至是在上课和排演的时候，都可以看到她在一边看着。他信任她，在她肩膀上哭泣，住在她家，而且她似乎很了解他。“他喜欢女人的难以捉摸。”达维多娃后来写道，“有一次他提及他其中一位妻子：‘我不需要一个家庭主妇，我需要一个女神填补我的卧室，然后翩然而去……’他总是想要浪漫的捉摸不定。在他的芭蕾作品里，男人总是追求，而女人则是逃逸。这是他生命的典型写照。”在佐里娜身上，他找到了经典的冰山美人特质：冷淡，谨慎，无法亲近。

他们的合作很顺利。在夭折的芭蕾舞剧《一个美国人在巴黎》之后，巴兰钦为戈德温的电影《水城之恋》制作了两支大规模的舞蹈。他把十多名美国芭蕾舞团的舞者带到好莱坞，而且在他的第一支舞蹈作品里，主要男舞者之一威廉·多拉尔饰演罗密欧，与饰演朱丽叶的佐里娜搭档。巴兰钦以他向来巧妙的处事方式，将蒙太古家族描写成芭蕾舞者，凯普莱特家族则跳踢踏舞。记住，《水城之恋》是经济大萧条时期的作品，当时平民主义与精英主义相对抗，时尚与古典之间也在大战，这一切集中体现在朱迪·嘉兰[①] 与狄

①《绿野仙踪》一片中饰演桃乐丝的知名女演员。

安娜·德宾[1] 之争。

巴兰钦为《水城之恋》所创作的第二支舞蹈（至今仍然非常有名）是芭蕾作品《水精》。在开拍之前，巴兰钦向佐里娜说明：

> 将会有令人惊叹、美丽、宽大的舞台，舞台是圆形的，每一边都有像安德烈亚·帕拉第奥设计的希腊式立柱；然后，在背后，有巨大的白马雕像。诗人走过来看到美丽的水精从水池中出现……身上覆盖着美丽的白花。她缓缓地、缓缓地从水中出来（湿漉漉的布料紧贴着她的身体，会非常性感），然后在水上跳舞，诗人看着并爱上了她。接着有许多少女出现，她们为她穿上美丽的礼服。她与诗人跳舞，之后巨大的暴风雨降临，风发疯似的吹着，而我们发现她在马上，风将她所有的衣服吹走，她慢慢地、慢慢地从马上滑下来，穿着小袍子，光着脚，走回莲花池，缓慢地消失在水里，直到只看得见她的头，然后她的脸颊像枕头靠在水上，最后就像太阳没入海中般消失。

没有芭蕾女伶可以抗拒这样的场景，而且戈德温也很喜欢，他也迷上了佐里娜，尽管在整部影片的拍摄过程中，他不断对她说："佐里娜，要有热情。"他是对的：热情是她在银幕演出中所缺乏的特质。

毋庸置疑，正是她那有点骄傲的态度、优雅的美貌与聪明吸引了巴兰钦。《水精》这支芭蕾舞的情节正暗喻着他们未来的

① 当时的好莱坞玉女红星。

关系，而且这个主题——迷恋的男人白费力气追求得不到的女人——以不同的形式反复出现在巴兰钦的作品中：从《梦游女》、《艾夫斯选集》中的《无解的问题》，一直到《冥想曲》和《堂·吉诃德》。他为苏珊·法雷尔创作后面两部作品，为阿莱格拉·肯特将《梦游女》重新搬上舞台并且创作《无解的问题》绝非偶然——她们是另外两个最后还是得不到的美丽女孩。

佐里娜马上被巴兰钦身为编舞家的高超能力与自信以及对拍摄技巧的非凡掌控能力所打动，虽然他在制片场只有几个礼拜的时间。她描述许许多舞者也曾经谈论过的巴兰钦的才华：

> 他很清楚自己想要什么，但是有时候却站着不动，仿佛在倾听内心的音乐并想象舞蹈动作。看不出来他是预先想好构思再快速改造，反而是呈现当下内在冲动所驱使而生的舞步与动作……他冷静，他指导人们，他从未提高嗓门或是发脾气……他似乎总有办法解决问题并像个共谋者般点出问题所在，也从来不冒犯人，而是让人松一口气。精湛的技巧使得他灵活变通，所以倘若在编舞或是构想方面有些事情行不通，他就干脆改掉。

罗杰斯谈到相同的现象：“我所认识的其他大多数编舞家，不管是为了什么理由，如果他们被告知，他们的舞蹈作品不可行，就像是要割他们的肉。但是巴兰钦却从容以对，并当场开心地创作构思完美的作品加以取代。”

在制片厂外，佐里娜与巴兰钦变成朋友，但是当他陷入爱河时，她的身份仍然是一名朋友。他们有几次三个人的晚餐约会，乔治与照例必参加的阿特维格夫人（布丽吉塔的母亲）轮流掌厨（烹饪一直都是他最爱的嗜好之一）。他们开车出游，走远路散步，但是当巴兰钦要更进一步时，佐里娜却无法给予相应的回报。“我还不成熟又受过伤，而心里更深的感觉是害怕。”她在自传里写道，“我与马辛的关系太痛苦了，使得我完全无法信任并且去爱另一个人。我仿佛曾经生了一场大病，必须疗伤、复原、痊愈和遗忘。这花了很长很长的时间。”虽然从一开始她就觉得与巴兰钦在一起很安全。“我知道乔治人很好，而且我们在一起的时候，我感觉安全又受到保护……我称呼他为我神秘的梅思金公爵[①]，一个具有基督精神的慈悲典范，而且整个人彻彻底底、全心全意地对他。”但是她“还是无法回报他的浓情”。一九三八年初，他请求她嫁给他时，她说：“我们再等等吧。”但是就在她等待的时候，她却被年轻的奥逊·威尔斯[②] 的魅力打动，威尔斯也同样为她动心。〔她在日记里写道：“自从里奥奈德（马辛）之后，我第一次发现自己的心脏怦怦跳而且双手颤抖。”〕而“乔治非常痛苦，几乎无法承受”。

拍摄《水城之恋》的直接后果是罗杰斯发现了佐里娜，并挑选她在他即将推出的音乐剧《我娶了个天使》（与哈特和巴兰钦合作的作品）中扮演天使的角色。对于佐里娜而言，这是个迈向美国的完美跳板，因为虽然巴兰钦立即着手帮她改进古典芭蕾的技巧，她却永远无法成为如托玛诺娃和丹尼洛娃的顶尖芭蕾舞伶，不过她跟吉娃一样，具有明星特质与远大的野心。《我娶了个天使》让她变成明星，这使得她兴奋又紧张：“出租车司机看到我搭车非

① 陀思妥耶夫斯基的小说《白痴》里的人物。

② 美国知名导演与演员。

常激动，温彻尔[①] 是我的头号影迷。”但是有件事情还没做。“我不能只属于母亲，还应属于丈夫，该是嫁给乔治的时候了。”而她也这么做了。一九三八年的圣诞前夜，他们溜到斯塔滕岛秘密结婚，回到佐里娜的公寓，他们开了个派对，但是消息并没有走漏。（他给她的圣诞礼物是：一件用肮脏的旧雨衣包裹的貂皮大衣——典型的巴兰钦恶作剧。）两人结婚的消息是后来被温彻尔（想也知道）泄露后才公开。

《我娶了个天使》终于完成，接着进行巡回公演。巡演期间，巴兰钦为罗杰斯与哈特另一出成功的音乐剧《锡拉库扎的少年》（他们最后合作的作品）编好舞蹈，仅一个礼拜后，弗瑞德律克·勒韦推出他第一部音乐剧《伟大的妇女》，结果很失败。然后巴兰钦为了《引趾待舞》的电影版拍摄回到好莱坞，接着回到百老汇为欧文·柏林另一部轰动一时的音乐剧《路易斯安那购地》编舞（同样是佐里娜主演，合作演出的有威廉·加克斯顿、维克多·摩尔和艾琳·博尔多尼）。然后巴兰钦又再度于好莱坞为《我是个女骗徒》编舞，佐里娜担纲演出一个与埃里克·冯·施特罗海姆和彼得·洛瑞同伙的女骗子，后来因为理查德·格林而浪子回头。巴兰钦为这出戏创作了一支超现实主义的《天鹅湖》续集，暴露出佐里娜不精通古典舞蹈，也完全清楚地显示了她为何永远无法成为真正的芭蕾舞伶。一九四〇年出现了一部全黑的音乐剧《月宫宝盒》，巴兰钦（与编舞家凯瑟琳·邓翰合作）导演兼编舞。由著名女歌手埃塞尔·沃特斯主演，杜克与约翰·拉多赫作曲、

① Walter Winchell，二十世纪三十年代美国最具有影响力的八卦专栏作家。

鲍里斯·亚里森担任舞台设计，该剧以《勇敢去爱》这首出色的歌曲出名，沃特斯在首演当夜差不多返场六次唱这首歌。虽然巴兰钦后来又创作了几部音乐剧与轻歌剧，《月宫宝盒》始终是他最大胆也最具原创性的百老汇创冒险之作。

这段时间是巴兰钦生平第一次也是唯一一次赚很多钱的时候，但他把这些钱几乎全部花光了，主要是用在他在长岛上盖的一栋房子，作为给佐里娜的惊喜礼物。与此同时，他也成为美国公民，这是他一生中都引以为傲的事情。他只偶尔参与美国芭蕾舞学校的活动，学校在柯尔斯坦与狄米特里耶夫的监督下成长茁壮。最后狄米特里耶夫卖掉股份，全部的人都松了口气，因为他变得越来越独裁而且脾气坏到不行。（他一度试图把鲍里斯赶出学校："你滚，滚。奖学金没了。你滚，你是犹太人，不适合这里。犹太人，滚，滚，滚。"）巴兰钦也没有为柯尔斯坦成立经营的小舞团卡洛梵芭蕾舞团编舞，该舞团重点放在美国民间艺术上，其中最重要的作品是美国编舞家尤金·洛林的《比利小子》，事实上目前还有许多芭蕾舞团表演这支舞。

到了一九三八年，美国芭蕾舞团已名存实亡。从一九三七年的斯特拉文斯基舞蹈节到一九四一年期间，巴兰钦并没有创作重要的芭蕾新作，这是他生涯中最长一段乏善可陈的日子。问题在于缺乏机会，而非缺乏创作欲望，虽然在这段时期，露西娅·柴斯成立了芭蕾舞剧团（今日的美国芭蕾舞剧团），并邀请巴兰钦加入。他后来否认或是忘记了他曾经受邀，但是有充分的证据证明确有其事。他拒绝成为一个新舞团的成员并不令人意外：偶尔兼差是一回事，但是如果要他认真投入新的舞团，那就必须是他自己的舞团才行。

战争来临使得欧洲陷入战乱，有一些俄罗斯芭蕾舞团搬到美国落脚，并展开没完没了的巡回公演。巴兰钦的宿敌巴希尔雇用他为现在名为“俄罗斯原创芭蕾”的舞团筹划几部他的作品，而巴兰钦给了他们《仙女之吻》和扩充版的《小夜曲》。有一天晚上，巴兰钦、斯特拉文斯基与切利乔夫走到后台去看托玛诺娃。巴兰钦说：“我们想要给你一个礼物——一条钻石项链。”这个礼物是《栏杆》，音乐采用斯特拉文斯基的《D大调小提琴协奏曲》。不幸地，佐里娜后来写道：“托玛诺娃非常瘦，她的腿和头上的大鹿角之间有几码的薄纱，妨碍活动。这支美丽的舞蹈根本无法实现。换作我可能早就哭了。”《栏杆》只演出过五次，但是三十年后，一九七二年的斯特拉文斯基舞蹈节，巴兰钦利用同一首美妙配乐创作了一支全新的芭蕾舞——《斯特拉文斯基小提琴协奏曲》。

巴兰钦与斯特拉文斯基合作的另一部作品更加不可思议。一九四一年底，巴兰钦应玲玲马戏团的请求为大象创作一支“芭蕾舞”。关于巴兰钦的传说中有一个老生常谈，就是他打电话给斯特拉文斯基并邀请他为一支新的芭蕾舞写曲子，斯特拉文斯基问道：“为谁写？”“几只大象。”“年纪多大？”“非常年轻。”“好吧，如果它们是非常年轻的大象，我就写。”这些大象穿上淡蓝色的芭蕾短裙，并不是很开心。玛丽安·摩尔后来写道：“它们以缓慢滑行的前腿从容跪下的方式，就像猫咪伸懒腰或是一艘船滑行入水。这支芭蕾舞很优美。”杜克的记忆则不同：“我可以作证这些庞大的动物以积极的行动表达它们对新音乐的厌恶：它们拒绝随音乐跳舞并发出震耳欲聋的吼声。”《大象芭蕾》（搭配斯特拉文斯基的《马戏团波尔卡舞曲》）只维持了一季。但是巴兰钦一直在等待的机会在那一年的年初出现了，或者应该说是柯尔斯坦赠予了他这个机会。

当柯尔斯坦的朋友纳尔逊·洛克菲勒到美国国务院担任泛美事务协调员时，这两个人研拟出一份新的计划：柯尔斯坦和巴兰钦将于一九四一年夏季率领一个拉丁美洲亲善访问团，这个访问团将有三十六名舞者，他们分别来自卡洛梵芭蕾舞团、处于停顿状态的美国芭蕾舞团以及美国芭蕾舞学校。洛克菲勒成功拿到一张政府的支票，"非常大的金额，"柯尔斯坦写道，"我好像偷了这笔钱般吓坏了。"这个舞团遇到了所有常见的意外以及一些新的灾难。他们抵达布宜诺斯艾利斯的当天，阿根廷当局以涉嫌引进少女从事卖淫的罪名，将所有不到十八岁的舞者逮捕并关入牢里，巴兰钦坚持与这些舞者一起入狱。一场在安第斯山脉的暴风雪让这个舞团动弹不得长达两周（柯尔斯坦说："我们无法通过安第斯山脉，舞台布景必须由两名舞者护驾，依照特定的路线往上走并穿过玻利维亚。"），延误了他们在智利首都圣地亚哥的首演。沉闷的剧院、遗失的行李、可怕的食物，所有巡回公演的标准问题都出现了，但是这次的巡回公演并非全然失败：舞团获得了五个月的宝贵经验，演出超过百场；评论家与观众反应非常热烈；而且（最重要的）巴兰钦得到机会创作两部重要的芭蕾作品。他用巴赫与柴可夫斯基的音乐迅速地编了《巴洛克协奏曲》和《帝国芭蕾》，在五月底于纽约的一场公开排练中试演。

向巴兰钦推荐巴赫的《D 小调双小提琴协奏曲》的人是米尔斯坦，而且他记得巴兰钦说，自己被巴赫的两点吸引，"音乐的精确性，同时还有他全心全意为上帝而做的真诚努力”。《巴洛克协奏曲》最早的演出是由尤金·伯曼设计舞台与服装，到了二十世纪五十年代初期，这支舞只剩下目前全世界所见的精简版本。不只是服装更改了，也消除了舞步里的爵士味，而且现在的《巴洛克协奏曲》看起来比过去更为严肃。（原有阵容里的舞者丹尼利记得有一个慢板的动作，巴兰钦称之为“哈勒姆阔步舞”。“排演时大家开了一堆玩笑，我们闹着玩地做那个昂首阔步的动作，巴兰钦喜欢就把它保留下来了。”）但是无论怎么跳《巴洛克协奏曲》，从来没有人质疑这部作品的伟大之处。对于许多人而言，它是巴兰钦的代表作，也是他最常被演出的作品之一。复杂却平静，在井然有序中充满着活力，抽象却带有深刻的人性，这部作品指引出前方的路，与三十五年前福金的《仙女》非常类似；而以柴可夫斯基的《第二号钢琴协奏曲》作配乐的《帝国芭蕾》则令人回味起古典主义以及彼季帕的伟大。（几年之后，鲍里斯问巴兰钦为什么他拒绝重新演出彼季帕的《帕基塔》，他回答：“因为如果我们跳《帕基塔》，大家就会看到我从中偷了什么来创作《帝国芭蕾》。”）拥有两个令人心生畏惧的女主角、优美的团舞以及对《天鹅湖》的响应，《帝国芭蕾》兼具丰富的情感与爆发力。只有帕卢什如钢铁般的明快与力道才能胜任《帝国芭蕾》与《巴洛克协奏曲》——她的速度与利落，是完全合乎美国风格的模范。（巴兰钦与她短暂的私人恋爱关系因为她想要正常的婚姻和孩子而变得紧张。帕卢什说道：“他没办法给予孩子需要的东西。”在她结婚之后，他们继续合作，但是他从此不再为她创作重要的角色。）

这时候他与佐里娜的关系正明显地逐渐恶化。这是一次显而易见的失败婚姻。佐里娜写道，这场婚姻最开始就像是“两个孩子在玩游戏，我们没有什么更严重的问题。没有财务问题，没有姻亲问题，没有家庭问题，不用担心孩子，一切宁静晴朗。”好景不长，佐里娜继续叙述：“乔治把女人当成偶像崇拜，而她们未必想当这样的角色。女人不想要被偶像化，因为会失去人性。得到太多的爱可能是沉重的压力——甚至让人窒息。”他们经常分隔两地，她本来几乎确定参加南美的巡回演出，但后来并没有成行，接着在一九四三年，（在巴兰钦的许可下）她在芭蕾舞剧团演出（事实上，她在那里扮演的角色之一是《阿波罗》里的忒耳普西科瑞）。但是早在这之前，她就已经遇到未来终将厮守一生的男人——杰出的古典唱片制作人戈达德·李伯森。

她与她的母亲搬进丽晶大厦，有一天晚上，巴兰钦回到纽约，她欢迎他的方式是告诉他：“你的房间在走廊尽头那里。”那本是女佣的房间。根据美国芭蕾舞学校主管，当时也同是巴兰钦好友的娜塔莉·莫洛斯特沃夫所言，“他就拿起他的行李箱离开”。在这段时间，学校发生了一场火灾，莫洛斯特沃夫说道：“我们将舞者集中起来。巴兰钦和我待在那里，直到最后一名学生离开。他沉着、冷静又镇定。‘我不在乎。’他说，‘我根本不在乎自己现在是不是活着。’”

许多朋友与同事也都能证明他的绝望。塔伯说：“有时候人们会看到他在她的公寓外头的街道上站好几个小时，直到深夜，没刮胡子，面容憔悴，可怜兮兮，等着一瞥她的身影。”约翰·塔拉斯向我证实了这件事，他记得巴兰钦在当时的非法酒吧“托尼”里对着食物流泪。（佐里娜的说法是：“一九四五年的整个春末和夏天，乔治与我已经渐行渐远。”）一九四六年一月，佐里娜在里诺市获准离婚；四月二日她与李伯森结婚；十月二十五日他们的第一个小孩诞生。

由于战争持续进行，加上柯尔斯坦从军，巴兰钦没有机会再拥有一个自己的舞团。他一直忙着几个不同的计划：在群星聚集的派拉蒙电影《星钉旗万岁》里为佐里娜编制“古老的黑魔法”；少数并不出色的音乐剧以及几个刚起步的戏码，包括与杜克合作、根据作家罗伯特·内森的小说《珍妮的画像》所改编的音乐剧，以及为佐里娜打造、根据十九世纪芭蕾女伶范妮·埃尔斯勒的生平事迹改编的芭蕾舞剧（与他合作的是未来将成为传记作家的亚历山大·金）；一系列非常成功的轻歌剧，包括《洛莎琳达》（即《蝙蝠》）、《快乐的寡妇》和以浪漫手法描写作曲家格里格传奇一生的《挪威之歌》；帮助佐里娜在百老汇剧目《暴风雨》里演出风精爱丽儿；为芭蕾舞剧团创作了第一部原创作品《华尔兹学院》；《马太受难曲》（又称为《耶稣被钉死在十字架上》）的义演，由列奥波德·斯托科夫斯基构思兼导演，丽莲·吉许扮演抹大拉的马利亚；为新歌剧舞团的几部作品编舞。但是这段时间，他主要的合作对象是塞居·德纳姆的蒙特卡洛俄罗斯芭蕾舞团。

巴兰钦与俄罗斯芭蕾舞团通过《挪威之歌》展开了新的伙伴关系。德纳姆将他的舞者（以丹尼洛娃与弗雷德里克·富兰克林为首）出借给这出剧，而丹尼洛娃则推荐巴兰钦担任编舞者。这个舞团经营不善，德纳姆马上了解到巴兰钦的用处，而巴兰钦虽然不喜欢德纳姆，却把握住了与古典芭蕾舞团合作的实际好处。这两个男人同意建立共识，而巴兰钦鼓舞士气低落的舞者，将《小夜曲》、《巴洛克协奏曲》和《帝国芭蕾》加入剧目并着手创作新的芭蕾作品。长达两年的时间，他与俄罗斯芭蕾舞团一起工作、旅行。据有时与巴兰钦同房的富兰克林所言，巴兰钦是一个很棒的同伴，而舞者托德·博朗代则描述热闹的晚宴，巴兰钦用浓浓的俄罗斯口音不停说黄色笑话。

一九四四年底，巴兰钦按照斯特拉文斯基最新的乐曲编了《舞蹈协奏曲》，并重新演出施特劳斯的《中产阶级绅士》，他曾于一九三二年在巴希尔的舞团演出这支舞。接着在一九四六年初，他创作了《夜影》（后来更名为《梦游女》），配乐系意大利作曲家维托利奥·瑞耶提根据贝里尼的歌剧所改编。这部令人难忘的作品有两名女主角，梦游女以及卖弄风情的女子。巴兰钦让丹尼洛娃从中挑选，她决定演梦游女，这个角色后来成为她最出名的角色之一。卖弄风情的女子则由巴兰钦越来越感兴趣的年轻舞者玛莉亚·托尔契夫饰演。

托尔契夫出生于一九二五年，她的父亲是印第安奥塞奇族人“高个”酋长亚历山大·约瑟夫[①]，母亲是苏格兰与爱尔兰的混血。托尔契夫的家庭因为父亲握有奥塞奇族土地钻油井的开采权而致富，而母亲则为女儿们规划了伟大的目标（玛莉亚的妹妹玛哲琳后来也成为享有重要地位的舞者）。在玛莉亚八岁的时候，她的家族从俄克拉何马州搬到南加州，玛莉亚（当时她的名字是贝蒂·玛莉；但是德米尔告诉她，贝蒂不是一个适合芭蕾舞伶的名字。）继续她的舞蹈与钢琴课业。她有完美的音高，还是一名有造诣的音乐家。十二岁时，她开了场演奏会，前半场演奏巴赫与莫扎特，下半场则跳舞。但是她最热爱的是芭蕾舞，她在尼金

① 托尔契夫，英文 Tallchief 就是“高个的（Tall）”和“酋长（Chief）”的连写。

斯卡的严格指导下学习："我从来没有见过（她）这种人。"她与尼金斯卡共事长达五年，而托尔契夫写道："夫人看得出来我很认真。"

一九四二年，十七岁的托尔契夫加入了德纳姆的俄罗斯芭蕾舞团当学徒，但是她很快就开始跳独舞并受到大力提拔。她第一次在工作场合碰到巴兰钦是在他抵达西岸编排《挪威之歌》的时候，她结束这部轻歌剧回到芭蕾舞团后，巴兰钦很快就挑中她。托尔契夫的音乐才华让他印象深刻——她了解他在做什么。"他跟其他人一样，必须完成相同的舞步和动作语言，但是他将音乐固有的节拍分解，好让这些舞步更打动人心。正是这种表现因素（配合音乐的拍子改变舞步的力道）使得舞蹈与音乐搭配得完美无缺。看到他的创作成果，我感到很震惊。"

借由研究巴兰钦喜欢的舞者（尤其是莫伊兰）风格与技巧，托尔契夫开始了解自己的舞蹈欠缺什么。而且巴兰钦让她清楚地意识到，如果她想要成为一名真正的舞者，她必须回归基础。"事实上这意味着我必须重新训练自己，比以往都要更努力，但是我已经了解莫兰的舞蹈与我之间的差异。我知道他是对的。"一如往常，当一名舞者信任巴兰钦并全心全意跟随他时，巴兰钦也全力给予回报。而且他对托尔契夫的私人兴趣越来越浓厚。有一天晚上，他请她在一场演出之后，与他碰面。"'玛莉亚，'他说，'我希望你成为我的妻子，'而且他很快补上，'没错，我想要娶你。我认为这将会是最棒的事情。''我……呃……'我说不出话来，这是一段很尴尬的沉默。我仍然称呼他为巴兰钦先生。在这样的情况下，我认为这太可笑了。'但是乔治，'我终于开口：'我不确定自己是不是爱你，我觉得自己根本不了解你。''那一点都不重要，玛莉亚。’他说，‘我们可以结婚并一起工作，如果我们的婚姻能维持下去，倘若只持续几年的光阴，很好。如果行不通，好吧，那也不错。’”隔天，当托尔契夫跟她的朋友维达·布朗提到：“乔治要我嫁给他。”布朗回问：“哪个乔治？”托尔契夫向她解释时，她们俩都笑了出来。布朗问她：“你愿意吗？”她想了一下后回答：“你知道，我愿意。”他们于一九四六年八月结婚，巴兰钦四十二岁，托尔契夫二十一岁。

那年他的人生有另一个转折点。柯尔斯坦从军回来，而且他与巴兰钦想出另一个方法，创造他们都坚信的芭蕾舞团。这个舞团将取名为芭蕾协会舞团，不直接卖票给一般大众，而是只招募真正认同这个舞团的人入会，这些人能得到所有表演与特别活动的门票、订阅名为《舞蹈索引》的学术刊物以及许多其他优惠。媒体不会受到邀请；他们必须像所有人一样入会（典型柯尔斯坦式的挑衅行径）。他们最初发布的消息成功召集了大约八百名会员。

很快地，巴兰钦过去在美国芭蕾舞团、大都会歌剧院、德纳姆的俄罗斯芭蕾舞团与卡洛梵芭蕾舞团的舞者纷纷加入了芭蕾协会舞团：威廉·多拉尔、吉塞拉·卡恰兰扎、路易·克里斯坦森、弗雷德·丹尼利、托德·博朗代、约翰·塔拉斯、埃莉斯·雷曼、玛丽·艾伦·莫伊兰以及其他舞者接受舞团的聘用。开幕演出于一九四六年十一月二十日在纽约市的尼道特瑞德中央高中的礼堂：一个不吸引人、很难表演的庞大空间，它的舞台非常浅。节目延迟开演，但是舞评人邱乔伊在《舞蹈新闻》里写道：“冗长的等待、不舒服的坐椅……马上被忘得一干二净，因为舞台上有魔力。”

这次的演出有两个吸引人之处：首先是新版的拉威尔－柯莱特的《孩子与魔术》，角色的数目因为歌者与舞者而加倍。更重要的是另一部新的芭蕾舞《四种气质》，事实证明这部作品对巴兰钦与芭蕾舞本身都是一个里程碑：虽然这部作品坚定地以古典舞步为基础，但人们仍旧认为这是他第一部超现代的作品。这部作品一直到一九五一年才算完全呈现，到了那个时候它终于拿掉库特·泽利希曼所设计的令人难以忍受、繁复又碍手碍脚的戏服，在这几年之间，戏服不断地得到简化。回到一九四〇年，巴兰钦从百老汇赚了一些多余的钱，他没有帮自己买一些新的香烟盒之类的东西，而是决定私人委托当时在耶鲁大学任教的德国流亡作曲家保罗·亨德密特作曲。至于他究竟付了亨德密特二百五十美元还是五百美元，各家说法不一。当这首乐谱送来时，没有舞团可以配合演出，几年后芭蕾协会舞团提供了这个机会。巴兰钦不仅务实，也很有耐心。

尽管戏服的问题很多，人们很快就了解到《四种气质》是新鲜且重要的作品。美国当时最杰出的舞评人爱德温·登比在这部作品首演的那一年写道：“从来没有任何舞蹈比这部作品更重要、更有活力、更广阔或更充满想象力。而且在姿态方面没有人更能保持一贯的优雅。”昵称为 4 T 的《四种气质》是《竞舞》与《插曲》以及其他先进的“黑白芭蕾”[①] 的先驱,就跟十八年前的《阿波罗》一样，这部作品在芭蕾历史上是很激进的变革。

---

① 舞者穿着简单的黑色紧身连衣裤和白色贴身衬衣表演，让动作的每个细微差别一览无遗。

如果二十世纪三十年代末期及战争时期的特色是大规模创新的相对后退，那一九四六到一九四八那几年就是巴兰钦生涯中最爆炸性的创作时期之一：仿佛他已经累积了一系列的杰作，只等待这个时机将它们呈现在舞台上。一九四七年七月，在巴黎歌剧院的邀请之下（由于利法尔在德军占领法国期间与德国人的关系暧昧，巴黎歌剧院暂时对他下达禁令），巴兰钦（在两周之内！）创作了四个乐章的《水晶宫》，由托玛诺娃跳第二乐章的慢板，这支舞或许已经成为巴兰钦的演出作品中最令人梦寐以求的角色。《C 大调交响曲》这部古典舞蹈采用的是比才十七岁时所写的一首不知名的交响乐曲，其前所未有的创新表现提供给无数观众十足的乐趣。在巴黎的演出采用超现实主义艺术家莱昂诺尔·菲尼所设计的精致舞台布景，每个乐章饰以不同的颜色。在美国，芭蕾协会舞团一年后以及自此以后的演出布景则一直都是闪闪发光的黑色与白色。

仅仅四个月之后，巴兰钦以柴可夫斯基的音乐，为芭蕾舞剧团创作了精致又高难度的《主题与变奏》，这是他为这个剧团所制作的唯一重要作品。这部作品受到《睡美人》的强烈影响，是巴兰钦对彼季帕严格的古典主义最直接的推崇。舞者的技巧（或欠缺技巧）都一览无遗。（这出舞剧的女主角最早是由艾丽西亚·阿隆索演出，这个角色与帕卢什在《帝国芭蕾》中扮演的角色，或许是巴兰钦的演出作品中难度最高的——有时候被称为“令人闻之丧胆的角色”。）最初饰演男主角的伊戈尔·尤什凯维持奇记得，巴兰钦不断试着让他在角色的表现上更为抽象：“他总是要求我不要太浪漫。”但是《主题与变奏》兼具理论和形式、华丽和活泼。它既是挑战也是非常好的机会——一个为世世代代的顶尖舞者所珍视的机会。

一九四八年春天，巴兰钦为芭蕾协会舞团最后的舞季打造了这一系列非凡杰作的最后一部作品——《俄耳甫斯》，委托斯特拉文斯基谱曲，并由野口勇设计雕刻般的舞台布景，令人惊艳。这时候，舞团里有托尔契夫，还有美国芭蕾舞学校一路栽培出来的明日之星塔娜奎莉·勒克莱尔。一年之前，巴兰钦创作了他自认为是芭蕾教学的作品《交响协奏曲》，由她们两位主演，化身莫扎特迷人音乐里面的小提琴与中提琴。当时，勒克莱尔是一名十六岁的学生。现在，托尔契夫饰演欧律狄刻，勒克莱尔则扮演将俄耳甫斯撕碎的酒神女祭司之首，而男主角则是由后来担任台柱多年的马加利亚内斯以及蒙奇恩，分饰俄耳甫斯与黑天使。

斯特拉文斯基与巴兰钦在《俄耳甫斯》中的合作极度密切，这位作曲家参与了彩排并担任首演的指挥。（他后来表示："在这个作品之前，我从来没有如此投入，这次的作品是艺术家的故事。"）在巴兰钦前几部没有情节的芭蕾作品之后，《俄耳甫斯》这种舞剧的出现让舞评人与观众感到意外。塔拉斯说："马加利亚内斯的舞蹈动作，完全不像巴兰钦过去的作品。舞步非常少而且没有传统的舞步，动作比较像是模拟一首歌而非跳一支舞。"多年来，《俄耳甫斯》一直都是巴兰钦的重要作品。直到一九六四年，舞团从拥有小舞台且相对隐蔽的纽约市中心剧院，搬到规模大了许多的林肯中心的纽约州剧院，加上年轻舞者演出戏剧性角色的能力减弱，这部作品才退居次要的地位。对于像我这样在其诞生的那年首度观赏这出剧的人而言，这是一次成长中的舞蹈实验。

一九四八年春季，纽约市中心剧院的私人舞季结束之后，有几场演出开放给一般大众，这对芭蕾协会舞团而言是个大胆的举动。但是该舞团不只有《俄耳甫斯》，还有《C大调交响曲》以及若干新的作品要向纽约展示。评论界的反应非常热烈，甚至包括舞评人约翰·马汀。更重要的是，纽约市中心剧院的财务主管莫顿·鲍姆对他们的作品产生了深刻的印象。纽约市中心剧院这栋特殊的建筑曾经是大家熟知的麦加会堂，市政府接管这栋建筑以抵税。鲍姆告诉一名友人："我见证了伟大"，并立即要求见柯尔斯坦。鲍姆记得双方会面时："柯尔斯坦抱着挑衅的姿态，几乎是对我满怀敌意，他严厉批判整个芭蕾界、政策、管理人员、表演节目。他似乎不相信我来访的诚意，并怀疑我所说的每件事情。"但是当鲍姆提议芭蕾协会应该改名为纽约城市芭蕾舞团，并永远落脚于纽约市中心剧院时，柯尔斯坦惊呼："如果你帮我们，我将在三年内给你美国最好的芭蕾舞团。"

这件事对巴兰钦的意义是，在离开俄罗斯二十四年、抵达美国十五年之后，他终于将拥有一个永远的家以及他一向欠缺的专注。

第六章　他的女人与男人

与佐里娜的失败婚姻所带来的痛苦逐渐远离，加上纽约市中心剧院的稳定承诺，巴兰钦整顿了内在与外在的生活。与托尔契夫在工作上的关系令人满意，情感上也轻松愉快。根据托尔契夫自传里的描述，虽然他们在一起很快乐，但是很明显地这段婚姻并没有很深刻的热情（对双方来说都是）。“工作的重要性凌驾一切……热情与浪漫在我们的婚姻生活中并未扮演重要角色。我们把感情留给舞蹈教室。”她冷冷地告诉我们，“他确保我们睡在双人床上，或许是为了保留精力。”他总是冷静、亲切、理性，对她的衣服与香水感兴趣（他帮她选了“忧郁时光”，她现在仍然使用这款香水）。他送她迷人的小纸条，多数的起头是：“嗨，亲爱的！”而且她告诉我们，他们的关系满足了她——直到她不再感到满足。（他曾经告诉舞者罗伯特·韦斯：“你知道我爱玛莉亚，她是个很棒的舞者、很棒的女人，像只老虎。娶老虎为妻是很刺激，但是不消多时就会发现，和老虎结婚耗费的精力实在太多了。”）

在工作上，他们的关系无可挑剔。纽约城市芭蕾舞团其实是换了新名称的芭蕾协会舞团，舞团的核心人物依旧没变。托尔契夫在《俄耳甫斯》中独领风骚，而且当巴兰钦在美国重新上演《C

大调交响曲》时，她成功演出高难度的第一乐章，这支舞非常适合技巧强劲又有自信的她，也匹配她完全掌控舞台的能力，而且在这个角色上没有人能超越她的演出。（巴兰钦在巴黎歌剧院筹划《水晶宫》时，托尔契夫跟他一起待在巴黎，他在创造这个角色时心里必定想着她。）她已经重新将自己塑造为巴兰钦的舞者，尽管舞团里出现其他才华横溢的女性，她仍旧稳坐“巴兰钦专属舞者”的位置长达六年。

当然，她是这个舞团公认的明星，一九四九年十一月，这个地位更加稳固，她在舞团第一部真正轰动一时的作品中扮演关键人物，当时巴兰钦重新改编斯特拉文斯基与福金的作品《火鸟》，佳吉列夫曾于一九一〇年以这支舞轰动巴黎。有一天晚上，在俄罗斯茶室的晚餐上，舞团经理人索尔·胡洛克建议巴兰钦让《火鸟》“为你的妻子”复活。胡洛克也愿意以四千两百五十美元的代价，将他在偶然的情况下收藏的一九四五年夏卡尔制作的迷人布景卖给纽约城市芭蕾舞团。巴兰钦加快行动，创造新的素材，而最重要的是，在一场震惊世人的出色演出中让托尔契夫尽情发挥，这次的演出确保了舞团的未来，并证明纽约城市芭蕾舞团是舞蹈界的一股重要势力。

跳王子角色的蒙奇恩后来说道：“这部芭蕾舞是为玛莉亚而打造的，而且她就像恶魔般投入，凶猛残暴，好像被附身一样。”托尔契夫本人回想起首演晚上的关键时刻，觉得当时这部芭蕾舞的成功似乎就看这一晚了：

> 尽管我全力练习，这首变奏曲还是非常困难，而且我完全喘不过气来。但是当我们开始跳这支双人舞时，

我觉得有把握。站在舞台后方，我深吸一口气，然后大跳步飞入弗兰克的怀里。我突然被他头朝下地抱着，我的头几乎碰到地板，观众席中传出一声依稀可闻的叹息……仿佛他们无法相信自己的眼睛所见。一秒钟之前我还直挺挺地站在舞台的一端，而此刻我已经在另一端，倒挂在弗兰克的怀里。没有人知道我是如何做到的。我一定是飞进来的……（巴兰钦）创造那一瞬间的方式连我都感到惊讶。我已经化身为这只神奇的生物——火鸟，我知道自己已经化身为火鸟，因为乔治使我成为火鸟。如同我在那一刻的讶异，他的创造力我永远也无法看透。

巴兰钦在这些年为托尔契夫创造了一个又一个角色：紧跟在《火鸟》之后四天首演的《幻想风的波雷舞曲》；还有《西尔维娅双人舞》、《弗朗赛》、《苏格兰交响曲》、《十人舞》（改编自《雷蒙达》）、《光辉的快板》以及最后的《古诺交响曲》。她是一九五〇年重新上演的《浪子》里的女妖，以及一九五一年重新演出的《阿波罗》中的忒耳普西科瑞。也是在一九五一年，她为已经步入成熟阶段的舞团提供了另一个转折点，当时她在巴兰钦新版本的独幕《天鹅湖》中跳奥德特，又是一次大轰动。而最重要的，或许是她在《胡桃夹子》中饰演糖梅仙子一角，这出芭蕾舞剧是巴兰钦于一九五四年创作的第一部晚场全秀，这部作品为舞团提供了稳定的收入（直到今日还是如此）。初期，托尔契夫在所有演出中跳舞——不作他选。她是巴兰钦为纽约城市芭蕾舞团打造的基石。

最初几年，有好些舞艺高超的舞者加入这个舞团，强化了以芭蕾协会舞团资深舞者为主的核心阵容，新血液多数来自芭蕾舞剧团：杰罗姆·罗宾斯、梅丽萨·海登、戴安娜·亚当斯、诺拉·凯依、休·莱恩及珍妮特·里德等人，借由罗宾斯的百老汇音乐剧《看吧，妈，我在跳舞！》加入纽约城市芭蕾舞团。之前担任奎瓦斯侯爵的蒙特卡洛大芭蕾舞团首席舞者的古典芭蕾大师安德烈·埃格列夫斯基也加入舞团。但是一开始除了托尔契夫之外，最受瞩目的就属勒克莱尔，她不像其他人都出身美国芭蕾舞学校。她从小就很突出；十六岁时，她无疑是个赢家——高挑、纤细、优美、聪明，加上大跳跃及暗含嘲弄的笑容。托尔契夫是一个发电所；勒克莱尔则是一只灰色猎犬。如今你在剪报上看到的她举世无双：她那炫目的优雅无可替代。她在《西部交响曲》最后乐章中的轻松活泼；她在《幻想风的布雷舞曲》中的俏皮演出（与罗宾斯搭档演出滑稽的舞蹈）；她在《巴洛克协奏曲》中所表现的活力无人能比。她或许是那些跳过《C 大调协奏曲》第二乐章慢板的舞者中表现最好的人（一般认为能与之媲美的只有阿莱格拉·肯特与苏珊·法雷尔）。在一九五一年，巴兰钦根据拉威尔的音乐创作的《圆舞曲》为她确立了永恒的地位。

这支充斥着预言性的舞蹈立刻受到欢迎，剧中的舞会礼服出自舞团服装指导凯琳丝卡之手，拥有迷人的女性“新面貌”[①]，加之气氛感重的灯光，这部作品一改我们对勒克莱尔的看法。在那之前她一直是个光芒四射的新人，但现在她是一个注定会死去的年轻女子，她在狂热舞会的高潮吸引了死神（蒙奇恩饰演），使

① 二次大战后，Dior 推出一系列以细致合身的剪裁强调女性身体美感的时装，这类服装被喻为“New Look”，取其赋予女性新的面貌之意，同时也为二十世纪五十年代带来一股优雅的品位，此指凯琳丝卡将这股风潮也带到芭蕾戏服上。

得她心神错乱地涉入自身的命运，她成为远比我们之前所了解的她更为复杂的生物。《圆舞曲》重温了《科蒂荣舞》过度热情的戏剧性浪漫主义。唉，女主角的悲剧命运也预示着勒克莱尔个人的命运。

根据托尔契夫的说法，巴兰钦与她的婚姻（一场相互崇拜及分享成就的婚姻）并非太失败，而是渐趋平淡。她有主见，而且想要更刺激的私人生活，而巴兰钦对这种生活没什么兴趣，也无法提供。她想要一个家庭及事业上的伙伴——一个爱人和一群孩子，以及其他东西。一九五二年，他们的婚姻宣告结束。当时她已经找到另一个男人，而巴兰钦的目光则集中在勒克莱尔的身上。

根据塔伯的说法："勒克莱尔记得她第一次听到未来的丈夫乔治·巴兰钦对她说的话是一顿训斥。他告诉她，她是一个淘气、调皮的孩子，她摆出的姿势矫揉造作又装可爱，他受不了看她跳舞，然后他叫她出去，那时她十二岁……对她而言，她对著名的巴兰钦先生的第一印象是个老头子，还是个非常无趣的老师，而且她看不出来他有多了不起。"他们俩都很快改变心意，等她到了十五 六岁时，她被推向明星级的地位。她就像肯特、麦克布莱德和基思特勒一样，打从一开始就获得观众的喜欢与崇拜。她在短暂的舞蹈生涯中参与了各种不同的作品，疯狂的《变形记》、精致的《第十五号嬉游曲》、《胡桃夹子》中露珠仙子的舞蹈（又一个无人能超越的角色），以及弗雷德里克·阿什顿的《启示》（她饰演圣爱），还有罗宾斯的《牧神的午后》和《音乐会》。她与罗宾斯的友谊持续了一生之久。

勒克莱尔与巴兰钦于一九五二年十二月三十一日结婚的时候，她二十三岁，而他则是四十八岁。柯尔斯坦写信给理查德·巴克尔："半夜我们都聚在一起，一批又一批的俄罗斯人不断成群结队走进来，坦妮[1] 对我说：'喔，天啊，我让自己凑什么热闹？'"巴兰钦与托尔契夫在工作上的关系则完全没有改变，他继续为她创造重要的角色，而且如同他与所有前妻的关系一样，在去世之前他一直与她保持着愉快的关系。但是显而易见，勒克莱尔才是未来的芭蕾女伶。

接着在一九五六年的秋天，舞团在哥本哈根进行巡回公演，勒克莱尔突然染病，有可怕的传言说她得了脑膜炎。当时舞团的独舞演员芭芭拉·米尔伯格在一本尚未发表的回忆录中，引述当时负责训练舞者的维达·布朗的说法，当时布朗在巴兰钦一行人所停留的饭店里与海登住同一个房间，她描述：

> 有一天晚上，大约凌晨五点半，我们的房门外响起敲门声，我打开门，巴兰钦就在门外，站在走廊上。他的面容扭曲、苍白，皱在一起。"进来，进来吧。"他没有走进来，只是站在门口，说不出话来。"什么事？怎么了？"最后巴兰钦终于能开口说话："是坦妮，她得了脊髓灰质炎。"我抱住他开始哭泣，我们俩都哭了。然后海登抱住我们，我们三人哭成一团。我不知道该做什么或说什么，所以我问他要不要我去叫杯咖啡。他只是退回走廊，靠在墙上。

① 勒克莱尔的小名。

当时舞团的助理经理人芭芭拉·霍根记得十一月一日的早晨，那天他们预计前往斯德哥尔摩，他的电话很早就响起，令人敬畏的舞团经理贝蒂·凯奇要求她立刻去自己的房间。到了后，凯奇流着泪告诉她，坦妮已经诊断出罹患脊髓灰质炎而且应该没救了。要怎么把这个消息告知整个舞团？接下来该怎么办？他们决定继续进行巡回公演，不过巴兰钦当然留在哥本哈根。

坦妮的母亲伊迪丝·勒克莱尔在那里帮忙照顾她；为了转移注意力，巴兰钦利用空闲的时间指导丹麦皇家芭蕾舞团演出他的几部作品。除此之外，他会花上好几个小时坐在坦妮身边，读书给她听，鼓励她。他在饭店的房间里煮饭并一个人玩牌。回到纽约，他写信给凯奇："坦妮正慢慢地康复。上帝会帮助我们，我相信……"他写给柯尔斯坦："伊迪丝和我设法振作。我们不断地抱以希望并且等待。"他的悲伤夹杂着一种不理性或者该说是迷信造成的罪恶感，因为在纽约华道夫-阿斯多里亚饭店举行的美国优生优育基金会义演上，他让当时还是十五岁少女的坦妮扮演主角，一名穿着一身黑的阴森人物出现并以脊髓灰质炎将她击倒。在这支芭蕾中，她奇迹似的复原了。巴兰钦对塔伯说道："唉，那是芭蕾的结局，那种结局永远也不可能发生在坦妮的真实生活中。"

勒克莱尔一直到来年三月才有足够的体力飞到纽约并住进勒诺克斯山医院，她在那里待了一段时间，后来又去了佐治亚州的温泉疗养院接受治疗，这个矿泉治疗圣地因为罗斯福总统（世界上最有名的脊髓灰质炎患者）而闻名。虽然医生们应该已经清楚说明她的双腿会永久瘫痪，巴兰钦一家人仍继续抱持着希望。他们回到纽约的时候，巴兰钦好几个月都待在家里陪着妻子。"乔治尽可能地为她付出一切——甚至更多。”在这段时间经常拜访他们的米尔斯坦写道，“他是丈夫、父亲、治疗师与保姆。他为她做饭，他发明特别的练习。”讽刺的是在勒克莱尔病倒之前，她与巴兰钦已经大致同意要各过各的。现在他全心全意为她奉献自己。

勒克莱尔生病的头一年，巴兰钦整年都不在舞团，少了领导者与最耀眼的舞星，舞团显得群龙无首、士气低落。在这次不幸的欧洲巡回公演之前，巴兰钦于一九五六年五月创作出了他最美丽的作品——《第十五号嬉游曲》，他重返制片厂及编舞界已经是一年半后的事情了。但是当他回来的时候，他带来了空窗期之后总会展现的独特创作爆发力。一九五七年底，他在不到两个月的时间内，创作了四部重要的作品，这些作品有着惊人的多样性与高质量。《古诺交响曲》是一个精致时期的作品，反映出十九世纪巴黎歌剧芭蕾的调性，是比同样带有法国风格的《C大调交响曲》更为优雅的同类型作品。它是为了托尔契夫而作，但是大约一年后法国籍的维奥莱特·维尔蒂加入舞团时，这部作品才找到一个更适合的表演者诠释。尽管《古诺交响曲》巧妙得体，一直是柯尔斯坦的最爱，但它在表演节目上却只有一半（或是四分之一）的演出机会，仅偶尔出现在节目表上。

《方块舞》是混合了维瓦尔第与科雷利的巴洛克音乐和美国方块舞的作品，活泼轻快，奔放几近不受约束，指挥者[1]与所有舞者：“两名娇小的淑女，前进，滑步过去，滑步回来……”。这支舞因为朝气蓬勃的帕特丽夏·维尔德而活力四射，立刻成为最

① 方块舞的灵魂人物，舞者听从指挥者即兴编的口令来完成舞蹈。

受欢迎的节目，而且在近二十年之后，这部作品的新版本成为舞团必备的节目。我记得巴兰钦在二十世纪七十年代的一场董事会上说明："我们需要新的芭蕾，没有资金，我选了《方块舞》，拿掉指挥者，因为花钱太多了。我们已经有了音乐，让舞者穿上练习服，再加上巴特·库克跳的一支新独舞——这样我们就有新的芭蕾作品了！"

《星条旗》是一部非常轰动并受到观众喜爱的作品，由赫尔希·凯改编约翰·菲利普·苏萨的音乐。有些人不喜欢这支舞公然表露的爱国主义（这出剧的结尾是将一面巨大的美国国旗往舞台后方的方向升起，而整个舞团四十几名成员则立正并敬礼），但是这支舞当然没有这么简单，它是一支伪装成大众娱乐的优秀古典芭蕾作品，海登和当布瓦斯最后跳的双人舞以谐拟的态度掩饰严肃的古典要求。就在首演之前，评论家沃尔特·特里碰到巴兰钦并问他这支新的芭蕾舞是否有情节。"是的，"巴兰钦说道，"就是美国。"

不过这个舞季的大事（也是巴兰钦整个生涯的高峰之一）是一九五七年十二月一日《竞舞》的首演。这部作品是巴兰钦与斯特拉文斯基合作三十年的巅峰之作。他对这位作曲家的仰慕之情永无止境；他对这个比他年长的男人的崇敬是儿子对父亲的感情。托尔契夫后来在《我记忆中的巴兰钦》一书里表示："嫁给巴兰钦的时候，我必须承认有时候他对斯特拉文斯基的爱与奉承似乎太多了。他把他当偶像崇拜。一如以往，乔治是对的。"

不像一些革命性的作品，《竞舞》从一开始就获得了赏识。所有人随即明白巴兰钦已经将芭蕾舞带入未知的疆界：这部作品尖锐，音乐困难，舞步严谨但创新，具有极端现代性与模仿古代宫廷舞的反差：加利亚德舞和萨拉班德舞[①]；还有主要的双人舞所带来的震撼（记住，当时是一九五七年），在这支舞中，巴兰钦让迷人、苍白的戴安娜·亚当斯与年轻俊美的黑人舞者亚瑟·米切尔搭档跳舞，后者后来创办了哈勒姆舞蹈剧场。打从一开始，这一切就吸引了评论家与观众的注意力，舞评人丹比描写开幕夜的巨大冲击："编舞家行礼时，包厢的观众站起来喊叫并吹口哨。楼下，观众走出观众席来到大厅，他们的眼睛发亮，好像这部作品是香槟。画家杜尚说他的感觉跟观赏《春之祭》首演后的感受一样。"但是之前斯特拉文斯基与尼金斯基的《春之祭》首演是丑闻缠身；《竞舞》的首演却是压倒性的胜利。《竞舞》让舞蹈界清楚了解到巴兰钦的确是一个崇高的大师，他无所不能。要不是他后来还有二十五年的编舞生涯，这部作品可说是空前绝后的惊人作品。

《竞舞》的女主角黛安娜·亚当斯是一个复杂的人物。她在台下焦虑、没有安全感，在台上却冷静完美——举例来说，就像《浪子》里冰冷又让人害怕的女妖。（舞者维莱拉写道："她阴险、冷酷的眼睛一扫，会让我全身发抖。"）她沉着又冷静，迥异于她的好友勒克莱尔，后者非常风趣，很爱开玩笑——她会做类似学狗叫等傻事逗巴兰钦笑。当巴兰钦疯狂爱上黛安娜时，这必定是让人无法想象的难过与痛苦。"他非常爱她，"达维多娃表示，"但是他的妻子是个残废的人，他不知道该怎么办。他努力了大约三年。最后他跟我说，他告诉他的妻子：'坦妮，如果我继续这段婚姻，我想我会停止创作……为了继续工作，我必须追随我的

① 这两支舞都是以爵士乐做结尾的宫廷舞。

爱。'" 他整个心思都放在亚当斯身上，但却得不到她；除了种种因素之外，亚当斯决心要生小孩，她嫁给了舞团的舞台经理罗尼·贝茨，并且终于开心地生了一个女儿。达维多娃表示："黛安娜离开他的时候，他非常伤心。他说：'有人把手放在我的头上并把我按入水里，而我不知道什么时候能浮出水面。'" 身为舞者兼芭蕾老师的珍妮特·里德写道："他在那段时间照顾坦妮的时候，昏倒过几次，那是恐慌发作的症状。那时我根本不了解。我自己有过几次经验后便懂了，我了解他所经历的痛苦。"

二十世纪五十年代，巴兰钦与勒克莱尔渐行渐远的时候，一名非常年轻的新舞者阿莱格拉·肯特吸引了他的注意力。从肯特第一次出现在舞台上，巴兰钦就对她难以忘怀，当时她十五六岁，以精致的美貌和绝佳的天分从众多舞者中脱颖而出。她不只无所不能,还似乎能够毫不费力地完成。一九五四年,她十七岁的时候，巴兰钦在隐晦又神秘的《艾夫斯选集》的"无解的问题"中，为她打造了第一个角色。由四个男人抬在空中的赤脚女孩，头发垂下，穿着简单的白色紧身衣，从头到尾都不能接触到地面，而在地上渴望她的男人无法抓住她。她是梦，是幻觉，还是记忆？肯特始终是个谜，同时受到观众和巴兰钦的爱慕，人们记忆中的她跟那些与她画上等号的角色一样独特：巴兰钦将《梦游女》重新搬上舞台，让她扮演梦游者的角色；重新演出《七大罪》里的跳舞安娜（二十五年之后，罗蒂·兰雅重新饰演唱歌的安娜）;《插曲》里的《协奏曲》；在《乐舞》里饰演先是娇弱后来与新郎跳舞时充满情欲的新娘。（勒克莱尔称她为"橡胶兰花"。）

肯特是个"浪荡女"，进出舞团长达三十年，舞团在她生了小孩（三个）之后依然欢迎她回来；她有时候飘忽不定，总是特立独行。可以确定的是她与巴兰钦之间没有性关系。一次又一次，他让她扮演性感但是兼具纯真、不可触摸、宛如处女般的角色（直到《乐舞》中形式上的圆房）。他显然喜欢她，深深为她的才华所打动，而且看到她就有点紧张不安。她难以捉摸，疯狂，不按牌理出牌。他说她是“碧姬·芭铎”（很高的赞美！）。但是就算她在《阿波罗》、《小夜曲》、《C大调交响曲》里面有出色的表演，不论在过去与将来，她都不会毫无保留地归属于他。

因此，很自然地，巴兰钦最后转向一名年轻舞者，她将自己奉献给他，比任何人都要彻底。她在一九六〇年进入美国芭蕾舞学校（无疑，虔诚的巴兰钦相信她是上帝送给自己的完美工具），而且她的技艺、为人和职业生涯将会改变并撼动纽约城市芭蕾舞团。她来自辛辛那提，名字是萝柏塔·苏·菲可，不久她改名为苏珊·法雷尔。亚当斯在福特基金会的赞助下巡回全美寻找有才华的舞者，她发现了法雷尔并建议她去巴兰钦先生面前试跳。法雷尔获得学校的全额奖学金，不久即加入舞团，并很快成为巴兰钦感兴趣的对象。她美丽，有才华，有深厚的音乐造诣以及很强的舞蹈理解能力。她显然从一开始就愿意尝试任何事情、做任何事情、“成为”巴兰钦要求的样子。“如果他认为我可以做某件事情，我往往会违背自己的逻辑去信任他。”她在自传《悬在空中》里写道，“我相信他不会让我成为一个傻瓜，我更像是个工具，一个在他手中的工具。简而言之，我用我的生命信任他。”终于出现了一个跟他自己一样热情且全心投入的舞者。巴兰钦的女舞者中最擅长分析的维尔蒂曾经说过：“我认为苏珊·法雷尔是最服从巴兰钦的人。她设法做到惊人的臣服，同时也是对自我的颂扬。”

所有的事情都联结起来促成法雷尔往前迈进。一九六三年，亚当斯与当布瓦斯正在排演一支由斯特拉文斯基的新乐曲改编而成的新芭蕾作品《钢琴与管弦乐的乐章》，亚当斯怀孕必须退出，在当布瓦斯的极力要求下，这个角色被托付给法雷尔，当时法雷尔尚未满十八岁而且还在跳团舞。亚当斯与当布瓦斯（在没有音乐的情况下）在亚当斯的客厅教她跳这支舞，几天之内，法雷尔就在一次排演的时候试跳给巴兰钦与斯特拉文斯基看，只是她迟到了，因为学校有代数考试。

法雷尔在《钢琴与管弦乐的乐章》中演出成功，之后很快地，巴兰钦为她打造了专属于她的第一支芭蕾舞：一支非常感人的双人舞《冥想曲》，在这支舞中，上了年纪的男人（再度由当布瓦斯所饰演）回忆他曾经爱过的年轻女子。如此露骨地向新人表达爱意，很难不让人注意到，大家的怀疑很快就获得证实：巴兰钦被法雷尔给迷住了。如果需要更多的证据，那就是两年后舞团推出巴兰钦的三幕芭蕾舞剧《堂・吉诃德》。年迈、糊涂但是高贵的堂・吉诃德受到他的仆人达辛妮亚（一个兼具纯洁与肉欲的角色）的激励、照顾与诱惑。第一次演出时，巴兰钦亲自扮演堂・吉诃德，而且显而易见，他不只是与法雷尔共舞，还是为她而舞。这既是加冕典礼（他称呼她为“雪白冰肌公主”），也是私人爱慕的宣示。

舞台下，他强烈的感情同样明显，只要他认为她的技巧有什么地方需要加强，舞团的课程就会以她为主。每天晚上，他站在舞台侧翼看着她，然后只要她演出的节目落幕，他就和她一起离开剧院，也不管后面演出的舞蹈及舞者。自然而然，法雷尔的特殊地位引起资深芭蕾女伶和其他想要吸引巴先生注意的年轻女孩的不满。巴兰钦的控制欲与着了魔的样子，以及法雷尔天生沉默寡言的个性使得她被舞团孤立。有些资深舞者离开了，并毫不掩饰地说出她们的理由——帕特丽·内亚里辞职时，巴兰钦对她说："我有权利爱人。"她的回答是："你应该爱我们全部八十个人。"托尔契夫十二年来一直是纽约城市芭蕾舞团不言而喻的首席芭蕾女星，她有段很有名的话："我不在乎按照字母顺序被排在名单上，但是我的确在乎待遇方面要排序。"巴兰钦不为所动。法雷尔不只是他的雪白冰肌公主，还是他的"小猫鱼"。法雷尔本人曾经解释过这个昵称不只是普通的猫或鱼。就速度而言，这只猫是一只印度豹；就智慧而言，这只鱼是一只海豚。某天晚上，在一场《堂・吉诃德》的演出之后，巴兰钦告诉巴克尔："我什么舞者都见过，从来没有人像她一样。她无所不能。"

他们的私人关系变得更亲密。在法雷尔母亲的同意之下，他们经常在一起，法雷尔的母亲不像托玛诺娃的母亲，她从一开始就支持这段关系。但是巴兰钦对法雷尔的热情以及她对他的感情似乎并没有一个完美的结局。巴兰钦与勒克莱尔仍有婚约，而法雷尔是一名虔诚的天主教徒。此外，尽管他精力充沛又迷人，他还是比她大四十一岁，是一个比她年纪大很多的男人。或许她觉得自己不只是雪白冰肌公主，还是一个被俘虏的公主。不管是什么样错综复杂的理由，他对于她的渴望越来越深，而她则不断抗拒。托尔契夫记得法雷尔说："好吧，我是逃跑的那个人。"

他在与所有女人的关系中，都将她们理想化但最后却无法拥有，这次的关系或许是最悲惨的，因为他必然明白他是因为年纪大而被拒绝。他后来告诉伏尔科夫："当你不是那么年轻，当你超过五十岁，你很难跟年轻的女人说话。如果她们十七岁，她们会想要十七岁的朋友。当然，你可以用哲学的态度来看待这回事：世事不可强求。但你还是可能会觉得困扰，尤其如果你不只想要给人好印象，而是真正被吸引……如果你对她们其中一个人非常感兴趣，可能就会受到很深的伤害。爱情是人们生命中非常重要的事情，尤其是在行将就木的时候，爱情比艺术还重要。”

法雷尔为这个情况辩解：“巴兰钦必须编舞才能活下去，就像我必须跳舞才能生存。我们都不必为了生存而结婚。”即使如此，巴兰钦还是搬离与勒克莱尔同住的公寓，最后征得她的同意取得墨西哥的离婚许可[①]，以便恢复自由身迎娶法雷尔。但是法雷尔却爱上了舞团里的年轻舞者保罗·梅希亚（他曾经是巴兰钦最喜欢的舞者），并在巴兰钦出国的时候嫁给了他。霍根当时与巴兰钦同行，对他几乎要发疯的样子记忆犹新。巴兰钦回来的时候，情况变得糟糕，令人难以忍受。巴兰钦拿掉许多梅希亚的角色，而法雷尔则支持她的丈夫。罗宾斯的《聚会上的舞蹈》首演当晚，法雷尔预定要跳《C大调交响曲》，梅希亚并没有获选演出他觉得自己有权演出的角色，而法雷尔给巴兰钦下了最后的通牒：如果那天晚上保罗没有跳舞，他们就双双辞职。巴兰钦不理会她的警告，也将她从演出中除名，法雷尔被迫离开了舞团。不管从任何层面来看（对她、对巴兰钦和整个纽约城市芭蕾舞团而言），这都是很大的伤害，因为过去六年来，她一直是舞团的台柱。

那年是一九六九年，接下来几年是巴兰钦个人与艺术的低潮期。女舞者团队很薄弱——比较资深的舞者不是离开就是过了巅峰期；而年纪较轻的舞者尚未发展出成熟的技巧。在这段时期，

① 二十世纪六十年代许多美国人南下取得墨西哥离婚证书，因为在那边离婚更快、更简单、更便宜，而且当事人不需要在场。

舞团在很大的程度上是由一个外表与性情皆与法雷尔迥异的舞者所支撑，那就是热情又奔放的帕特丽夏·麦克布莱德，她既不神秘也不伟大，而是标准的、百分之百的典型美国女孩。她娇小，非常漂亮，精力充沛又迷人，而且她对罗宾斯和巴兰钦的帮助都很大。法雷尔离开之后，巴兰钦创作的第一部重要作品是根据格什温的歌曲所改编的《谁在乎？》，麦克布莱德成功地演出该舞的主角。她快乐与看来单纯的个性，在明确却意味深长的舞蹈中表露无遗，对于受伤的舞团和不知所措的观众而言是剂完美的解药。

在这段困难的时期，出现了另一个天赋异禀的舞者格尔西·柯克兰，她的年轻与外表的优雅遮掩了她完美的技巧和骚动的天性。然而，她很快就离团加入巴瑞辛尼科夫和美国芭蕾舞剧团，最后任由自己的职业生涯毁灭。（在她恶名昭彰的自传《在我的坟上跳舞》里，她将发生在她身上的许多不幸归咎于巴兰钦——她是我想得到唯一一个没有对巴兰钦表现出敬畏与爱意的芭蕾女伶。）为了强化舞团里的组织，巴兰钦挑选了两名年轻舞者进行栽培：玛佐和阿洛丁根，而她们两位多年来都恭敬并忠心地对待他。

巴兰钦从情伤中恢复并着手进行一九七二年的斯特拉文斯基舞蹈节时，法雷尔仍然被放逐在外，大部分的时间是与位于布鲁塞尔的莫里斯贝撒舞团合作。然而，这并非她天生的使命，没有人比她自己更清楚这个事实：为巴兰钦跳舞才是她的天命。一九七四年的夏季，法雷尔写信给巴兰钦："亲爱的乔治，欣赏你的芭蕾舞很棒，但更棒的是跳你的舞。难道这真的不可能了吗？爱你的苏珊。" 一九七五年一月，她回到了原来属于她的地方（不过她的丈夫保罗没有回去）。他们的私人关系永远都无法回到过去那样，但是却恢复了艺术伙伴的关系，而且巴兰钦再度运用她的才华协助实现他自己的天赋。法雷尔重返城市芭蕾舞团改变了一切，就如同她最初当上台柱以及离开舞团时。她很快夺回以前跳的曲目，跳得比以往更深刻更优美，而且巴兰钦开始为她打造新的角色——毕竟，她回来的时候只有二十八岁。舞团里聪明的彼得斯对法雷尔的故事下了个结语:“对我们来说，苏珊返回舞团，是她离开之后最棒的事情。”

如果法雷尔是巴兰钦最后的伟大缪斯（与激情），那么第一个缪斯或许是芭蕾界的“黑珍珠”托玛诺娃。二十世纪三十年代初期，他与她的关系暧昧不清，他们的故事有各种不同的版本（如果真的有什么故事的话）。柯尔斯坦于一九三三年在巴黎寻找编舞家的时候，他在日志里表示，舞台设计师贝拉尔告诉他:“巴兰钦爱上了托玛诺娃，她的母亲说他老到足以当她的父亲。（才二十九岁？）”如果托玛诺娃如她声称的出生于一九一九年，她当时就是十四岁——巴兰钦爱上吉娃时她大约也是这个年龄。莫洛斯特沃夫说道:“塔玛拉·托玛诺娃离开他是千真万确的，我想她爱上了某人。”但是这可能是后来才发生的事情。托玛诺娃的母亲当然否认任何结婚的传闻：在二十世纪三十年代初期，乔治对她的女儿塔玛拉并没有那么大的吸引力。托尔契夫很确定地表示他们之间没有浪漫情事，而托玛诺娃提到他的样子就好像他是兄长，或甚至是父亲:“他无微不至地照顾我：他老是告诉妈妈该为我做什么、给我吃什么食物、不要太过劳累！……我真的认为巴兰钦把我当成自己的孩子看待。他会跟我玩。”他也爱托玛诺娃的妈妈和爸爸。“因为他找到了一个家。”她认为巴兰钦也如此认为，觉得与她的关系就像家人，“因为我的‘阴郁’，因为我有部分格鲁吉亚的血统，因为他的姐姐塔玛拉死了，我有种感觉，他把我当成他的姐妹。”事实上，在她结婚的时候，巴兰钦不请自来地出现在加州的婚礼上。“乔治·梅立托诺维奇，你竟然出现在这儿，真是令人难以置信。”而且她告诉我，巴兰钦回答：“我怎么可以错过自己女儿的婚礼呢？”

兄长？父亲？被拒绝的求婚者？——天晓得！可以确定的是，他被她的外表及舞蹈给迷住了（如同芭蕾舞界大多数的人），她给了巴兰钦灵感，创作出《科蒂荣舞》、《竞争》、《栏杆》以及《C 大调交响曲》，而且他们终其一生都保持密切的关系。在二十世纪四十年代期间，托玛诺娃已经成为电影明星，他们差点合拍一部关于帕芙洛娃的电影。舞者尤斯凯维特奇描述：“我们都聚在好莱坞，电影始终没拍成，但是我们整整排演了六个礼拜，很开心……我们排练得不够，想不出该怎么编舞。巴兰钦在制片场悬挂一条绳索，塔玛拉则绕着它做了些脚尖旋转的动作。巴兰钦一直尝试不同的点子。”我们只能遗憾这项怪异的计划无法实现。[1]

叙述巴兰钦一生中与他青睐的女人之间的关系似乎没有什么不妥之处，但是还有别的故事，那就是他与男舞者的关系——一种由控制、竞争与憎恨交织而成的复杂动力，加上非比寻常的创造力。一些重要的男舞者难以与他相处，或者是他与他们相处有困难。终其一生，他怨恨利法尔，不只是因为利法尔在佳吉列夫

① 作者注：一九五三年，在描述美国表演艺术经纪人贺拉克生平的喜剧电影《今夜我们歌唱》里，托玛诺娃终于得以饰演帕芙洛娃，演出福金的《垂死的天鹅》。

过世之后背叛他，还因为他被迫顺从佳吉列夫的决定，让利法尔成为明星。威廉·韦斯洛是城市芭蕾舞团里聪明、迷人又爱说闲话的舞者，与巴兰钦相处融洽的他曾经问过巴兰钦他最喜欢的男舞者是谁，巴兰钦回答他："我从未喜欢过男舞者。或许曾喜欢过一个，利法尔，因为他美丽，就像个女人。而且我之所以喜欢他是因为他像女人。他非常漂亮，很有女孩子气，你知道的，漂亮的腿、脚与姿势。就像我帮女孩们摆姿势一样，我以前也帮他摆姿势。"这就是他对利法尔的看法。

韦斯洛也说了不少关于巴兰钦与伟大的丹麦舞者埃里克·布鲁恩（托尔契夫的密友以及鲁道夫·努里耶夫的爱人）之间的不信任与厌恶，后者曾经两度加入舞团。"埃里克进来的时候是个大明星，"韦斯洛叙述，"巴兰钦讨厌他这种人……他对埃里克做了一些像是加快拍子的事情……'不行，不行，太慢了。速度必须要很快。亲爱的，你在丹麦可能是明星，但这是我的舞团。我们在这里都必须跳得很快，而且我们不希望这里出现掌声破坏了音乐。'而且他告诉指挥罗伯特·欧文：'我不喜欢这个丹麦舞者在这里当大明星；在我的舞团里每个人都是明星。他一点也不特别。'"韦斯洛说，布鲁恩哭了，不久后就离开舞团。

当努里耶夫厌倦了跳王子的角色，希望加入纽约城市芭蕾舞团时，巴兰钦告诉他先不要，以后再来，或许他心里想的就是与布鲁恩的合作经历。几年后，米凯亚·巴瑞辛尼科夫真的加入了这个舞团，他当时无疑是世界上最伟大也最成功的舞者，巴兰钦清楚表示他不会得到明星般的待遇。

巴瑞辛尼科夫在几乎没有准备的情况下，被丢进各式各样的角色中，他不曾受过巴兰钦的技巧训练，而且也没有年轻到能在一夜之间吸收新的跳舞方式。他怀抱着最高的期许加入这个舞团，但遭遇的却是体能上的困难，加上身体已经不好的巴兰钦无法为他创作舞蹈，导致他在一年半后有机会经营美国芭蕾舞剧团时离开了舞团。韦斯洛用他聪明的坏心眼，暗示巴兰钦刻意不让巴瑞辛尼科夫发挥特长："你不必做高难度的动作，只要做些低难度、简单的动作就好。"后来巴瑞辛尼科夫演出众多巴兰钦的角色，表现最好的是原本维莱拉的强项（下一段会提及的舞者），而且没有人能说这些角色是低难度或简单。这次尝试非常值得，鼓舞了舞团，也激励了巴瑞辛尼科夫。而这两个男人私下相处得很融洽，轻松聊起（当然是以俄语）他们早年在圣彼得堡的回忆。在巴瑞辛尼科夫离开之后，他们仍维持朋友的关系，而且巴瑞辛尼科夫马上就让美国芭蕾舞剧团扩大演出巴兰钦的作品。

布鲁恩与巴瑞辛尼科夫是短暂的过客，他们很快就在其他地方继续卓越的舞蹈生涯。巴兰钦与男舞者的长期关系中，最复杂的是与维莱拉的关系，后者是来自皇后区贝赛的意大利裔美国小子，个性强硬。他崇拜巴兰钦同时也反抗他。维莱拉孩童时期曾上过美国芭蕾舞学校（他在那里受到罗宾斯的青睐，后者因为他而得到灵感创作出《牧神的午后》），但是后来因为父亲坚持要他拿到大学文凭，所以他休学改读美国商船学校。在错失准备成为舞者的四年关键时间之后，他一回来，巴兰钦立刻让他扮演重要角色，他的速度、跳跃与耀眼的明星能力都令人难以抗拒。巴兰钦继续为他创作了一系列杰出的角色：从《珠宝》的"红宝石"一幕、《哈乐根丑角戏》里的哈乐根、出色的《塔兰泰拉舞曲》，到《仲夏夜之梦》里非常有挑战性的角色——坏心的精灵国王奥布朗。接着是最有力的一击：巴兰钦于一九六〇年为维莱拉重新将《浪子》搬上舞台，这是最容易让人联想到维莱拉的角色。他是这个角色的完美人选——不只是外表,还有态度与能力；但是毫无疑问地，这出剧传达了一个讯息：“违逆我就等着看会发生什么事——你最后一定会爬着回来。”维莱拉违抗巴兰钦的方法之一是不上他的舞团课程；由于他的训练曾经中断过，所以他有体能上的问题，他觉得自己需要这方面的帮助，只能从斯坦利·威廉姆斯那里得到，威廉姆斯出生于英国，来自丹麦，是巴兰钦为美国芭蕾舞学校从国外延揽的优秀芭蕾老师。巴兰钦不能轻易饶恕这种违抗的行为，但是他很少公开表达不满。“巴兰钦讨厌任何可能制造冲突的事情，”维莱拉写道，“而且每个人都接受他分配的角色，我们只能硬吞下去并忍受他端出来的菜。我们必须承受自己的痛苦、抗拒以及愤怒。我们无法当他的面表现出来。”维莱拉不只将他的自传取名为《浪子》，而且最后他也回到他的芭蕾之父身边——不是爬着回来，而是满载着荣耀。他的迈阿密城市芭蕾舞团是现今世界上最致力于达成巴兰钦理想的舞团之一。

巴兰钦能真正和睦相处的男人，包括早期舞团的男性成员：尼古拉斯·马加利亚内斯及弗朗西斯科·蒙奇恩，他们都是优秀的伙伴，但是他们都不是纯粹的古典芭蕾舞者；巴兰钦必须小心安排他们的演出，例如《俄耳甫斯》。马加利亚内斯是一个受人普遍喜爱的人物，他温和、谦虚又可靠，而且在勒克莱尔得宠时，他是舞团内一些舞者口中的“皇室”成员，其他成员还包括巴兰钦、坦妮、坦妮的母亲伊迪丝和亚当斯，这群人相处融洽。巴克尔记得，城市芭蕾舞团在伦敦的时候，巴兰钦一家人与马加利亚内斯和另一名舞者罗伊·托比阿斯共住一间房子。“有天早上，我依约与巴兰钦碰面，罗伊告诉我：‘他和尼克去洗衣店了。’我很惊讶：‘乔治·巴兰钦会去拿洗好的衣服！’罗伊后来坦承：‘这是我第一次用不同的眼光看巴兰钦，一直以来他不过是家庭的一分子，现在我了解到，外面的人可能把他当成某种神圣不可侵犯的人物。’”

（捕捉巴兰钦“平凡”生活的蛛丝马迹，并对照他有如奥林匹斯诸神的创造力及支配力与低调的日常举止之间的差别，总是让人感动。芭芭拉·米尔伯格记得在佛罗伦萨进行欧洲巡回公演时，巴兰钦、舞者弗兰克·霍比和指挥家暨钢琴家西蒙·萨多夫都买了维斯帕摩托车并决定要试骑。“回巴黎的火车上，有好一阵子，我们都可以看到他们三个骑在一条与铁轨平行的路上，但是没有跟得很久。‘他们在那里！他们在那里！’他们从旁边经过，挥手，非常兴高采烈，人也被风吹到变形，然后他们消失在黑暗中。”这三个人玩得很开心。帕特·维尔德谈到二十世纪五十年代中期她与巴兰钦和坦妮在康涅狄格州度周末：“我的丈夫和巴先生会花整个周末煮菜并在户外干活。他们盖了一小间工具屋，并且进行各种各样的计划，而我会忙着烘烤面包。他在乡间非常随性，总是脱掉衬衫走来走去、干活、晒太阳、在玫瑰花丛周围挖土、割草。我们会在下午开始煮饭，然后晒日光浴……巴先生喜欢谈论科学或是电影——什么都谈，就是不谈舞蹈。”）

蒙奇恩是个健壮而且永远帮得上忙的人。他跟马加利亚内斯一样谦虚，他念过美国芭蕾舞学校，是芭蕾协会与纽约城市芭蕾舞团的创始成员，而且在数十年的舞蹈生涯中跳过无数的角色。“我们尊称巴兰钦为‘父亲’，”他在《我记忆中的巴兰钦》中写道，“但是我认为我们得到的回报并不是那样，做一个父亲需要承担非常大的责任。他主要的重心是舞团和舞蹈。人们来来去去，起起落落，他就顺势利用他们。”最后，蒙奇恩很清楚巴兰钦不再需要他，但无法直接告诉他。“我感觉他想要摆脱我，但我还没有准备好要离开。”（嗯，很少有舞者“准备好”要离开——他们总是觉得自己还年轻，不到退休的年龄。）“我和这个人生活了四十年，”蒙奇恩下了结论，“为他工作，尊崇他，忍受他，恨他，爱他。这个男人是个天才，也有人性的缺陷，没有人是完美的。”

与巴兰钦相处困难的一大例外的男舞者是当布瓦斯，他在十五岁加入舞团，很快成为首席舞者及明星，而且一直到彼得·马丁斯受宠的时期都发展得很顺利。他刚开始技巧并不纯熟，但是很努力，并很快就成为纽约城市芭蕾舞团的台柱。他是有名的“阿波罗”，而且从一九五四年开始，巴兰钦为他打造了一系列的角色，在《西部交响曲》中与风趣又时髦优雅的勒克莱尔合作，一直到《星条旗》（与同样杰出的海登把剧院给拆了）。一九六三年，他开始与法雷尔搭档演出《钢琴与管弦乐章》、《冥想曲》，接着是重新演出的《帝国芭蕾》，最后是跳《珠宝》里面的“钻石”一幕。一九七〇年，巴兰钦创作出可能是当布瓦斯最具特色的角色：乔治·格什温的《谁在乎？》里面的男人（与三个女孩合跳——重现《阿波罗》的模式），这个角色似乎概括说明了他的骄傲、开放、美式爽朗与愉快的幽默感。迟至一九八〇年，在加入这个舞团超过三十年之后，他还被选派演出巴兰钦重要的芭蕾新作：舒曼的《戴维同盟之舞》。在纽约城市芭蕾舞团的职业生涯过程中，当布瓦斯与巴兰钦有不错的交情，他知道如何在台下和台上讨巴兰钦欢心，他很有用又迷人，而且不具威胁性。有些人很好奇为什么最后继承巴兰钦的不是当布瓦斯而是马丁斯。

至于马丁斯，他是在一九六七年意外加入纽约城市芭蕾舞团，舞团当时在爱丁堡进行巡回公演，当布瓦斯受伤了；马丁斯飞来取代他，在《阿波罗》与法雷尔搭档跳舞。（法雷尔的看法是："好吧！至少他够高。"）他非常英俊，是一个真正的首席芭蕾女星的男舞伴，同时也是一个很棒的伙伴，但是有段时间他的演出有点像梦游。在法雷尔离开之后，马丁斯不需要再当她的舞伴，他觉得受到忽视，决定辞职并加入美国芭蕾舞剧团，然而在最后一刻退缩。当面对巴兰钦时，他发现巴兰钦认为他不在乎，这让他感到很震惊。"当人们表现出兴致勃勃的样子，我就用他们。如果他们没兴趣，我就不理他们。而你没有表示出兴趣。"换句话说，诚如巴兰钦经常说的："亲爱的，证明给我看。"

当马丁斯开始证明给他看时，巴兰钦的回应是在一九七二年斯特拉文斯基舞蹈节期间为他打造的两个伟大角色：《斯特拉文斯基小提琴协奏曲》与《二重奏协奏曲》。而且从那时候开始，马丁斯成了称霸一方的王子，展露出身为编舞家与舞者的真正才能。只是在那之前，马丁斯已经历了浪子的仪式：抗拒，然后臣服。但是他够聪明，了解到这臣服不是对巴兰钦这个人，而是对这名艺术家："看他一眼，我就了解了关于舞蹈的一切。"最后，巴兰钦选择了他来继承舞团。有天晚上，巴兰钦与我一起站在舞台侧翼，他看着马丁斯与法雷尔，非常明白地告诉我："非彼得不可。"而我确信，他不是以私人的态度对我说这句话，而是把我当成董事会的成员，"他知道女舞者需要什么。"他在另一个场合又说了一次同样的话。而在巴兰钦死后不久，刊登在《纽约客》上的巴兰钦与 W. 麦克尼尔·劳里的长篇"对话"中，巴兰钦不断提到马丁斯，清楚说明自己的继承人应该是谁。但是巴兰钦没有直接地宣布；马丁斯在巴兰钦最后长期卧病期间，悄悄地开始管事，并在历经常见的情绪骚动与权力混乱之后，董事会最后批准他与罗宾斯共同担任总监。

巴兰钦总是说他死后一切都将结束，你不可能紧抓着芭蕾不放，每件事情都必定会改变。但是无论他喜欢与否，纽约城市芭蕾舞团还是会有未来。这个重要的机构无法随着他的死亡而消逝。而且他也在自己最妥善的设想之下，保护了纽约城市芭蕾舞团。

第七章　纽约城市芭蕾舞团

巴兰钦与妻子、情人以及舞者之间的关系诉说了他人生故事的其中一面。然而，他的人生从一九四八年开始，与纽约城市芭蕾舞团这个机构的生命产生了紧密联系，而当纽约城市芭蕾舞团改变其性质与财务状况时，他的人生也随之改变。

一九四八年，纽约的地位因为联合国的出现而获得政治上的肯定，战后的纽约充满活力，因为发现自己是“世界之都”而陶然忘我，但是与真正文化领导地位相比还是有细微差距。德国战败之后，欧洲不过才刚开始复苏，而尽管有战时流亡人士所带来的文化熏陶，美国还是认为自己的文化不如人。没错，美国有好莱坞、爵士乐与百老汇，但是大众文化尚未被认真看待。时间倒退回二十世纪三十年代，只有柯尔斯坦与极少数人认同弗雷德·阿斯泰尔和詹姆斯·卡格尼等人的才华。我们有交响乐团、歌剧、博物馆，但这些都是欧洲传统文化。在纽约，有一些大胆的出版公司，一些杰出的“小”杂志，现代艺术博物馆（年轻知识分子去观赏卡尔·德莱叶导演的《圣女贞德》，然后在那里结识志趣相投的女孩），一些播映外国电影（《田园交响曲》、《单车失窃记》）的小型电影院：塔利亚电影院、卡内基音乐厅电影院、第五大道电影院，格林威治村放荡不羁的文化界，以玛莎·葛莱姆为代表的现代舞。接着出现了芭蕾协会舞团与纽约城市芭蕾舞团。

从今日的观点来看，很难想象当时的纽约城市芭蕾舞团引发了多少争议，它是多么挑战世人且特立独行。前去纽约市中心剧院浸淫于巴兰钦的舞者所演出的舞蹈成为极少数精英生活中的一部分；尽管维持票价大众化是这个独特却令人不安的剧院所抱持的使命（这个剧院属于全体市民，而且毫无顾忌地以非营利的方式经营），但剧院的座位还是经常只有半满。尽管巴兰钦有许多伟大的成就：从《阿波罗》、《浪子》和《小夜曲》，一直到《巴洛克协奏曲》、《四种气质》和《C大调交响曲》，人们仍旧认为他的创作只属于一部分人。“我们幸运的少数[①]”以这种体认感到自豪；但以《纽约时报》的马汀为首的舞蹈界大多数人都持相反的立场，虽然我们确实也有属于自己的重要声音——丹比，他精辟又深入的舞评与分析令人宽慰。

舞团也一直处于紧迫的财务困境中，除了柯尔斯坦之外，大家都没钱，而且柯尔斯坦的财力也有限。舞团经常是清贫如洗，一次又一次从危机中起死回生，多半是被纽约市中心剧院的鲍姆所挽救。这一切并未困扰巴兰钦——他从来都不对金钱感兴趣。有钱的时候，他不是花掉就是送人；没钱的时候，他认为钱会冒出来。（还记得吗，在佳吉列夫时代，这种不在乎的态度曾经令丹尼洛娃感到痛苦；她想要确定有钱付房租。）不过巴兰钦也是很实际的，他了解要如何生存。他不迷信明星，但是他让托尔契夫成为明星（她的才华与决心也帮了不少忙）。他在《四种气质》与《竞舞》等作品中扩大了古典芭蕾的语言，但是当舞团需要

① 语出莎士比亚的《亨利五世》。

叫座的作品时，他则推出《火鸟》、《天鹅湖》、《胡桃夹子》、《星条旗》。而且他鼓励杰瑞·罗宾斯，他知道罗宾斯也能做出最叫座的作品。（“罗宾斯想要什么，我就给他。”他曾经告诉我，“他是最好的舞者。他能制作最轰动的作品，观众们喜欢。”）很难知道他是否在那个时候，就已经想象得到纽约城市芭蕾舞团未来伟大的样子，但是他与柯尔斯坦一开始就表现出做大事的样子。

或许是《火鸟》的成功使得柯尔斯坦有勇气去争取他最渴望的目标：伦敦科文特花园的舞季表演。巴兰钦曾经于一九五〇年三月在那里为玛戈特·芳婷筹划演出《帝国芭蕾》，而这次的成功说服歌剧院的总管于七月份提供给巴兰钦的舞团一纸为期五周的合约。这是柯尔斯坦梦寐以求的事，但是他写道：“我很担心；英国的意义非比寻常……在科文特花园演出是一个高峰，过了这个高峰后面就不算什么：我在这里赌上了一切。这是可笑的夸张说法……我并不理性，如同霍金斯（当时舞团的经理）明智地断言：‘他没疯，他是歇斯底里。’”这次演出的成功不是绝对的，但却是真实的。这当然比不上前一年英国的萨德勒威尔斯皇家芭蕾舞团在美国大获全胜，但是却提升了这个舞团在自己与全世界的眼中的评价。很快地，纽约城市芭蕾舞团将在全美各地演出。而随着舞团逐渐成熟展翅，评论界的反应也开始改变。甚至连马汀也开始改变立场。

进一步的国外巡回公演证实这个舞团渐渐被视为一个重要的竞争对象。柯尔斯坦描述一九五二年在巴塞罗那首演当晚，当《C 大调交响曲》落幕时，舞者获得“巴塞罗那向其欣赏的艺术家所献上崇高又罕见的敬意：一群鸽子从四面八方飞越整个观众席……我用我的表计算，观众为舞者鼓掌喝彩的时间有八分钟之久，而舞者此刻几近呆若木鸡；看得出来巴兰钦很感动。”

虽然巴兰钦在前面这些年中最大的满足，似乎是来自能够探索具有挑战性的音乐：勋伯格[①]、艾夫斯、亨德密特[②]、韦伯恩[③]，以及源源不断的优秀舞者。他也对现在美国芭蕾舞学校直接挑选一流的舞者进入舞团而感到欣慰，这样以后就不必倚赖外来的舞者（因为他必须重新训练这些舞者）。肯特、当布瓦斯和维莱拉就是这个现象的先驱者，而且因为有芭蕾学校的存在，《胡桃夹子》才能演出，这是巴兰钦第一部带儿童上舞台表演的作品，他本人小时候也被带上马林斯基剧院的舞台表演过。

打从开始制作《胡桃夹子》，他就了解这部作品必须兼具合家观赏与不可思议的魔法——这是这部芭蕾舞剧的核心。而且他意识到不断茁壮成长的魔法树是这支奇舞的关键。他在关键的时候，总是不吝惜花钱。《胡桃夹子》的预算就像这棵树一样不断膨胀，而且一如往常，资金找到了。别人在为钱而苦恼的时候，巴兰钦会说：“告诉鲍姆只会花一半的费用，这个作品会把钱赚回来，这样他就会开心了。”他因为稳稳抓住现实而有了回报。他的影响力受到大众的认同，特别在《胡桃夹子》开演前一周，他的照片出现在《时代》杂志封面；另一个征兆是几年后塔伯在《纽约客》里制作的人物特写。巴兰钦现在确实是公认的艺术大师，即使一般大众尚未成群涌入纽约市中心剧院。

虽然舞团的事务不免预料中的起起落落，但是巴兰钦依旧是老样子，显然不受危机或是挫折所干扰。（只有勒克莱尔罹病的

① 美国作曲家。

② 德国作曲家。

③ 奥地利音乐家。

悲剧真正让他动摇。）照惯例，担心的人是柯尔斯坦，他总是想些新方法来增加城市芭蕾舞团的财富，他提出的点子与计划（有些很出色，有些则不切实际），他都夸大其重要性。这两个人之间的关系错综复杂——柯尔斯坦敬畏巴兰钦的才华，不断给予支持；巴兰钦则是一贯抱持感激与礼貌的态度。但是他们之间从来都没有私人的温情可言。柯尔斯坦是个不折不扣的知识分子，一个满脑子充满想法与理论的人，与他有密切往来的通常是作家和艺术家（以及像洛克菲勒这种有权有势的人）。尽管他态度专横，有强势的个性与脾气，情绪却反复无常又脆弱，逐渐罹患上严重的躁郁症。巴兰钦有来自俄罗斯的老友们、可以一起放松的同事以及女人。他做菜,从事园艺而且拥有生命中最重要的音乐。反之，柯尔斯坦是我认识的人当中对食物最不感兴趣的人（他似乎不怎么注意自己吃的东西），而且他对艺术的兴趣远胜于音乐。纽约城市芭蕾舞团的这两个领导人是奇怪的组合，而且柯尔斯坦觉得巴兰钦并非真正在乎，这令他很痛苦。达维多娃表示:“虽然他们交情不错，但是彼此从未很亲密。这么说好了，他们说的语言并不相同。有一两次林肯邀请乔治共赴晚餐，他跟我说:‘一起来吧，这样我会比较自在。’他们需要彼此，但是就某种角度而言，他们的观点完全不同。”

但是我们可以说巴兰钦有过“任何”密友吗？许多人认为他没有，而且他不需要或是不想要。从很早的时候丹尼洛娃就说：“乔治是个独行侠……他终其一生创作芭蕾舞——除了剧院以外，他从来都没有真正的私人生活。”尤什凯维持奇说:“我了解菲丽娅·杜布洛夫斯卡所说的：你无法与巴兰钦过从甚密。他是一个你无法太亲近的人……我们从来都没有‘他是我朋友’的感觉。”

莫洛斯特沃夫表示，巴兰钦会对某一群朋友失去兴趣，并转向另外一群朋友：“他需要改变。”不过他对朋友很忠诚，从来不会拒绝过去的朋友，他照顾他们，总是不吝惜给予关心和金钱资助，甚至让他们参与他的芭蕾作品。但是人是可以在没有强烈感情下对他人仁慈与厚道的。“他无法真正深入地付出，”帕卢什相信，“这其中有某种不安全感。”狄米特里耶夫告诉柯尔斯坦，巴兰钦是“格鲁吉亚人，冷酷无情”。柯尔斯坦的说法与这个说法一致，他更“恶毒”，告诉采访他的人，乔治是“格鲁吉亚人——跟斯大林一样”。柯尔斯坦给了塔伯一个比较冷静的说法：“他看似柔软若丝绸，但是却强韧如钢铁。”巴克尔认为巴兰钦显然“从来都不觉得有必要与另一个男人建立密切的友谊……连续多年每天都和他见面的狄米特里耶夫与柯尔斯坦都拒绝承认密友这个头衔”。

观察这两个人长达四十年的一个朋友南希·拉萨尔还记得林肯·柯尔斯坦面临周期性低潮时，巴兰钦仁慈的一面：“‘山姆之子’① 横行的可怕夏天……林肯写了一些疯狂、措辞激烈的信件给乔治，从报纸剪下字并拼贴在一起以掩饰他的真实身份。乔治会到林肯在学校的办公室并设法安抚他、帮助他，你可以感觉到他的同情心。”拉萨尔也相信柯尔斯坦越来越觉得自己很多余——巴兰钦对他的点子不再感兴趣，只是礼貌地看待他的想法；而且筹备新的芭蕾作品时，柯尔斯坦几乎插不上手，他的躁郁症随时可能爆发。（早些时候，他有好几次必须住院治疗；后来锂才使他的病情稳定下来。）在我与巴兰钦的往来中，我注意到他会尽量把某些问题交给柯尔斯坦处理，但是柯尔斯坦还是认定这只是出于礼貌。二十世纪七十年代，在某次现在已经完全被遗忘的危

① 当时在纽约市横行的连续杀人凶手。

机发生时，巴兰钦请我去问林肯，我们一群人是否可以在他家会面讨论这个问题。当我把这个提议告诉林肯说，他大吼说乔治不是真心的；事实上，是我出于好心，为了让他觉得自己有用才想出这整个计划。这当然是在他的躁郁症发作期间的事情，但是这也显示了他真正的感受——巴兰钦不需要他。而且在当时事实很可能就是如此，舞者理查德·坦纳记得："我加入舞团的时候（一九七一年），柯尔斯坦扮演的角色非常奇怪。他觉得自己是被放逐到芭蕾学校，他在那里有一间办公室。我曾经无意间听到他对巴兰钦说些像是'我一直都看不到你'的话。"

柯尔斯坦在他的书《三十年》里，很清楚地说明他认为他对舞团的贡献有哪些（以及他没插手的事）：

> 在四十五年间，不管是一小段音乐，还是选派一个特定舞者在新的或旧的芭蕾作品里演出，我一次都不曾对巴兰钦提出建议。我从未试图安排演出节目表或规划、限制任何新作品的费用。我不管入会费的定价政策或是票房销售。我从来没有针对个别舞者的加入、存在或是离开表达异议。虽然我欣赏一些当代画家与雕塑家，但是在切利乔夫辞职之后，我未曾提出任何合作对象。我知道这是没有用的；巴兰钦的想象力不是明确的，而是随时会改变的……有人认为我担任的工作有点像是公关。没错，我把巴兰钦的建议或他说过的话用我的认知写下来。

这样的说法有点虚伪。柯尔斯坦确实曾参与许多艺术决策，譬如：他（与鲍姆）是决定把《胡桃夹子》搬上舞台的背后推手；

他促成葛莱姆与巴兰钦这两位编舞家合作《插曲》，并协助舞团引入摩斯·肯宁汉、弗雷德里克·阿什顿和其他编舞家的作品；而且他督促巴兰钦挑选一些芭蕾学校的男孩加入舞团——但是这项工作在相当程度上说明他原本自我认定的职责。当他提到他的正面贡献时，他只把重点放在一件事上："我的功劳在于用纳尔逊·洛克菲勒从纽约州政府争取到的资助金，挑选纽约州剧院的设计风格，并安排让菲利普·约翰逊[①] 来设计。"这段话漏掉了他从头到尾对整个林肯中心计划的重要参与，而且也少说了一件事情，对巴兰钦的整个事业来说，以下这件事跟纽约州剧院的重要性不相上下：柯尔斯坦让当时福特基金会的重量级人物劳里改变心意，为学校与舞团取得额外的金援。一九六三年，美国境内有超过七百五十万美元捐给了芭蕾舞蹈界，而总金额半数以上是捐给了这个舞团以及这所学校。这次高度公开的信任投票让巴兰钦理所当然成为美国古典舞蹈界的重要人物。〔紧接着在这笔补助金之后的快乐结局是：基金会坚持要他接受一笔薪水（他一直都没有拿薪水），而在询问是否可以花一些钱请个秘书后，他得以雇用霍根，后者十年前就已经以贝蒂·凯奇的助理的身份成为舞团职员，并持续担任巴兰钦最亲密也最信赖的助理，最后成为他的遗产执行人，以及巴兰钦信托与巴兰钦基金会的负责人。〕

搬到纽约州剧院后，从革命性的事业转型成为公认的芭蕾王国，对于城市芭蕾舞团来说，是一个关键性的转变。或者换个说法，这是从小生意变成官方机构。现在，在这个按照他的要求所建造的剧院中，巴兰钦拥有了他一直想要的大型舞台。（他可能不知道音响效果最后会成为所有人无止境的梦魇。）不过，事情的开

① 美国建筑大师。

始并不顺利。在剧院仍在建造时，他知道乐池只能容纳三十五名乐师时，他下达了罕见的最后通牒。柯尔斯坦说：“水泥已经灌好了，但是某一天清晨，巴兰钦碰巧来到脚手架林立的礼堂，演出了他生涯中最感人且效果最好的一场独舞。他直接要挟如果乐池的空间还是这么局促，舞团就拒租这个场地，于是工人拿电钻将空间加大一倍，以便可以勉强地容纳约莫七十人。”

搬到新剧院的结果是一些芭蕾作品必须重新编排，以利用或适应这个较大的舞台。一些大型的芭蕾舞剧（《胡桃夹子》、《仲夏夜之梦》）因为这个较大的舞台而受益良多。为巴黎歌剧院的大舞台所设计的《C 大调交响曲》终于有了足够的空间，在纽约市中心剧院时，这支舞总是挤到舞台侧翼。其余的芭蕾作品却惨了：就我的观点来说，尤其是《俄耳甫斯》、《圆舞曲》和《第十五号嬉游曲》，它们在州剧院看起来永远都不如市中心剧院顺眼。

新的剧院也使得芭蕾作品可以达到旧的剧院无法办到的规模。第一个作品是巴兰钦一直不断改造的作品《堂·吉诃德》。他与作曲家老友尼古拉斯·纳博科夫合作，改善不是很吸引人的配乐;他编了一些新的舞蹈,拿掉一些旧的。每次排定演出《堂·吉诃德》时，这部作品的样貌都有点不一样，除了一件事例外：长期以来跳这支舞的人非法雷尔莫属。

接着，在一九六七年，出现了纽约城市芭蕾舞团最成功的作品——三部曲的《珠宝》。从公关宣传的观点来看，这部作品提供了两项有利条件：这是世界上第一部三幕“抽象”芭蕾；而且这部作品的灵感据说是巴兰钦拜访梵克雅宝时得到的，将珠宝所传达的魅力表露无遗。另一方面，这部作品可能（而且经常）会被认为是故弄玄虚——不过将三支不同的芭蕾舞用一个华而不实的概念刻意地串联在一起；而且评论家与观众花了许多时间争论哪个部分最好、哪个部分最弱。

这三个部分是“绿宝石”、“红宝石”和“钻石”；分别采用佛瑞、斯特拉文斯基和柴可夫斯基的音乐；带有法国、美国与俄罗斯风格。精致怀旧的“绿宝石”给了音乐才能无人能比的维尔蒂非凡的机会；“红宝石”展现麦克布莱德与维莱拉毫无保留的活泼与明快；“钻石”则是另一部将法雷尔予以神圣化的巅峰之作，使她与马林斯基舞团伟大的芭蕾女伶传统统合在一起。这三支舞合起来（或者，如果你喜欢的话，也可以把它看成一部三幕芭蕾作品）将巴兰钦对舞蹈艺术的理解加以具体化。巴兰钦的舞迷艺评家罗伯特·盖里斯巧妙地分析了这部作品的成功：

> 毫无疑问，这是一部重要的作品，但是我欣赏它还因为它是一部非常成功而轰动的作品，而且其原本的企图就是要让大众喜欢：我想再次提醒，巴兰钦超凡的戏剧天分能与莎士比亚和莫扎特相提并论。这类天才可以遵从，甚至某种程度上可说是享受取悦观众的必要性。不论是艺术作品还是表演事业，《珠宝》都是天才之作……《珠宝》的一致性是表面的、外在的；事实上，真正一致的是观众一整晚在剧院里的专注。那正是所有剧场艺术的目的。而巴兰钦三支绝佳的新芭蕾舞在专业包装之下完美呈现。

没错，而且巴兰钦的才华还不只如此，他也了解将这三个作品放在一起的效果有多好。（海登一度告诉我们，还会有第四个部分“蓝宝石”，由她与米切尔来跳。[1] ）《珠宝》令纽约州剧院功成名就。后来还有巴兰钦与丹妮洛娃合作筹划的三幕舞剧《歌碧丽亚》（女主角丝娃妮尔达是丹妮洛娃最出名的角色之一），以及为了美国建国两百周年所制作的《英国国旗》和一九七七年轰动一时的《维也纳圆舞曲》。纽约州剧院比起造型特殊的纽约市中心剧院更大、更庄严，而观众则越来越多，也或许变得越来越客观。林肯中心、纽约州剧院、人们认可芭蕾是“高级文化”中不可或缺的部分，知名的“舞蹈百家齐放”、推销每个舞蹈季的套票的想法……这一切综合起来让这个舞团得以制度化。但是人们仍继续用古老的个人方式来管理，巴兰钦创作他的芭蕾舞，教授舞团的课程，每天晚上站在前台右翼；凯奇、比奇洛和霍根担任管理工作；柯尔斯坦则是在一旁闲逛。董事会的主要工作是柯尔斯坦一直希望它扮演的角色：全力支持巴兰钦，不要插手干涉。（如同我曾经说过的，我自己在管理方面的参与，只是因为人手不足，无法完成所有工作。）芭蕾学校为舞团培育优秀的新舞者。而且巴兰钦找到任职于公共电视领域的人（埃米尔·阿多里诺、梅里尔·布洛克威、朱迪·金伯格），跟这些人合作，他可以轻松将他的艺术传达给更多民众，比起纽约州剧院所能容纳的人数更多。他是纽约市亨德尔大奖章和肯尼迪中心荣誉奖的得主。在他六十几岁的时候，批判巴兰钦的芭蕾抽象又冰冷的评论基本上已经成为过去式，一般人都认同巴兰钦是国际舞蹈界中最优秀的天才以及最伟大的人物。

---

① 作者注：巴兰钦会将使用过的点子再利用，《宝石》即是其中一例。美国超现实主义画家暨舞台设计师来伊诺尔·菲尼在二十年前为《水晶宫》画的水彩设计模型上的笔记写着：“每幕一个颜色……珠宝……第一幕红色，红宝石……第二幕黑色，黑色钻石……第三幕绿宝石……第四幕白色珍珠……”

第八章　重返俄罗斯

一九六二年，也就是搬到林肯中心的前两年，巴兰钦率领纽约城市芭蕾舞团首次前往苏联演出，对他而言，这是一次充满意义又忧虑不安的经历。回到出生与接受芭蕾训练的国家并展示他的成就，固然是一件乐事。然而这也是一次返乡，而且对于他的家乡，他的内心必定有过痛苦的矛盾。自从一九二四年，他离开俄罗斯前往西方世界之后，他的身边始终围绕着俄国的友人：从米尔斯坦、霍洛维茨、杜克和狄米特里耶夫、佳吉列夫那帮俄罗斯人（他的头两任妻子就更不用说了），一直到芭蕾学校的音乐家与教师。他在俄罗斯餐厅用餐，烹煮俄国食物，喝俄国的伏特加，而且，当然，崇拜音乐家柴可夫斯基以及斯特拉文斯基、普希金和托尔斯泰（他告诉弗雷德里克·富兰克林："读了《登山宝训》[①] 和《战争与和平》,你就会了解一切事物。"）他也是虔诚的东正教信徒。但是他显然不像许多流亡者，对俄罗斯表现出感伤的乡愁，他并不渴望回到年轻时生活的地方。事实上，他以最快的速度成为美国公民，而且自从托尔契夫的表亲送了他一条

① 指《马太福音》五至七章，记载了耶稣某日在山上传讲的许多宝贵、重要的教训。

美国印第安人的银质绿松石项链之后，他就喜欢穿着美国西部的装扮，尤其是曾经在牛仔之间流行的牛仔领[1]。他最喜欢的电视节目是西部牛仔片。

当劳瑞问他，刚到美国时是否觉得格格不入，他说："不会，我从不觉得自己是个外地人。我一直想要成为美国人，当时的我甚至不会说英文，但是我非常想要成为美国人。"托尔契夫告诉我："他在英格兰的时候看了一部阿斯泰尔的影片，然后说：'那就是我想去的地方。'"她曾经描写《四种气质》源自"乔治对阿斯泰尔的深入观察。因此，它代表一个新的开始，为了阿斯泰尔，巴兰钦自觉性地背离马林斯基芭蕾舞团……我认为巴兰钦在创作《主题与变奏》和《水晶宫》时，心中也有阿斯泰尔的形象……阿斯泰尔移动身体的方式与他对舞者的要求如出一辙。"一九七八年，这两个人同时获得肯尼迪中心荣誉奖，有人问巴兰钦："你认识阿斯泰尔先生吗？""喔，不、不、不、不！"（他们最后还是认识了。）托尔契夫说乔治非常害羞。他也疯狂迷恋金格尔·罗杰斯[2]，当他在好莱坞碰到她的时候简直惊为天人（直到她开始谈论基督科学会）。（根据佐里娜的说法，巴兰钦也"迷巴斯比·伯克利[3]"。）

但是美国对他的意义显然不只是罗杰斯与阿斯泰尔，最重要的是美国的活力与速度，而且他尤其喜欢纽约市，仿佛他对于圣

---

① string tie，又名 bolo tie 或是 bola tie，为西部牛仔们所佩戴的上面有饰品的领带，一般而言都会以细长皮绳串着玛瑙或者有雕刻印花图案的徽章为主。

② 与阿斯泰尔合作过多部脍炙人口的歌舞片的舞后。

③ 美国舞蹈家，以华丽繁复的编舞风格闻名百老汇，同时也为好莱坞歌舞片编舞。

彼得堡（一个让出生在那里的人忍不住会爱上的城市）的喜爱已经被转移到一个更安全、更适合安身立命的地方。他心系童年时期的俄罗斯，但是他痛恨共产主义的俄罗斯。

一九六二年，巴兰钦抵达莫斯科机场，等待他的记者们表示："欢迎来到俄罗斯，古典芭蕾的家乡。"他做了一个非常有名的回应："谢谢，但是美国才是古典芭蕾现在的家乡，俄罗斯是古老浪漫芭蕾的家乡。"（换句话说，"我在的地方就是古典芭蕾的家乡"。）俄罗斯人主张他是自己人，平面与电视媒体报导他抵达的消息，但是根据巴克尔引述舞者帕特丽夏·内亚里的说法，当巴兰钦出示他的美国护照清楚表示他不是回到"家乡"时，所有媒体都不见了。他的弟弟安德烈也在机场出现，自从一九一八年以来，他已经有四十四年没有见过他的弟弟。安德烈是一个知名且受人敬重的作曲家，他带了他的钢琴家小儿子和在格鲁吉亚的第比利斯歌剧与芭蕾剧院担任舞者的女儿。巴兰钦当然从来都没见过他的侄子和侄女。

重返俄罗斯以及与家人团聚的激动，夹杂了担心莫斯科能否接受这个舞团的紧张情绪，舞团的首演是在波修瓦剧院，这是这个剧院第一次有美国舞团献艺。首演当晚，观众对一开始的《小夜曲》反应冷淡，但是到了最后一支舞《西方交响曲》（巴兰钦刻意颂扬美国主义的作品），观众反应到了高潮。参与这次巡回演出的马汀表示，以《C大调交响曲》做结尾的第二场演出是真正的转折点："这支以比才的音乐编制的作品带来的不只是满场的掌声和最后持续不断的安可，观众还有节奏地叫着'巴——兰——钦'，直到这名编舞家被迫来到台前鞠躬答谢观众对他的肯定。"甚至连超现代的《插曲》也"大受欢迎"。而且他的舞者当中少说有三人（肯特、维莱拉和米切尔），所到之处都有观众给予热烈的喝彩。

即使是在正常情况下，首度在俄罗斯演出都可能使得巴兰钦与舞团感到焦虑不安。更何况当时的情况一点都不寻常，那几个礼拜古巴发生导弹危机，全世界都在观望是否会爆发核战争，在俄罗斯的美国人认为自己将身陷危险之中，或至少是处于潜在的险恶环境，这是很合理的推测。然而情况刚好相反：在古巴危机最紧张时期的某个晚上，表演一开始，全场一千多名观众起立并开始欢呼。十月二十六日舞团在莫斯科的最后一天，赫鲁晓夫承认导弹已经在古巴部署完毕，马汀描写巴兰钦“在舞台门口被热情的芭蕾舞迷团团围住，他们激动并夸张地告诉他，舞团的表演是当地芭蕾舞界有史以来最棒的演出”。他和舞者离开剧院前往他们的旅馆时，群众在后面大叫：“回来！回来！回来！”

根据巴克尔与塔拉斯的描述，巴兰钦在列宁格勒一办好住宿登记，“他就抓了莫洛斯特沃夫冲出去，向她介绍他位于波夏亚莫斯科优斯卡亚街的老家，那里离旅馆并不远。他的情绪非常激动”。塔拉斯发现他非常消沉。他瘦了，失眠（他声称是因为旅馆房间内的电话整晚响个不停），而且他告诉内亚里，他确信他被人跟踪，他的房间甚至衣服都被装了窃听器。他突然决定飞回纽约一个礼拜，之后才在格鲁吉亚与舞团会合。这必定是里德之前提到的恐慌症发作。他这次发病的原因可想而知，率领舞团到俄罗斯演出的同时，还必须在导弹危机的紧张气氛下表现出冷静与镇定，这让他感到精疲力竭。不仅如此，再度见到弟弟，回到童年与青少年时期曾经忍受身心痛苦的城市，必定也搅乱他的心情，令他无法承受。

他也担心勒克莱尔，舞团巡回公演的大部分时间，他都没办法陪勒克莱尔。事实上，他曾要求霍根在他不在的时候要注意勒克莱尔。他在纽约的一个礼拜期间，情绪很亢奋，看得出来，能够远离苏联的冷酷环境以及那里带给他的压力，让他松了一口气。霍根记得有一天晚上，巴兰钦邀请她及其父母到他家共进晚餐，享用鱼子酱和小薄饼，席间他们开始讨论《每日新闻》上刊登的百大知名流行歌曲排行榜。巴兰钦拿出榜单，他们把一百首歌曲全部唱完——他每首都会。她回忆："我还记得那天晚上他坐在钢琴前，像个花花公子般跷着脚坐着，并以完美的英文唱着《可笑的情人节》。"（隔天，她称赞他唱歌没有口音，他告诉她，哈特在他们合作音乐喜剧时教他说英语，哈特是《可笑的情人节》的作词者，他非常崇拜哈特。）

这段快乐的插曲让他的心情恢复平静，也让他为巡回公演的最后阶段做好准备。当他在第比利斯与舞团会合时，他的家人全员到齐：安德烈、安德烈的妻子、他们的女儿和大儿子。莫洛斯特沃夫告诉塔伯，有一天巴兰钦在安德烈家吃晚餐，尽管有兄弟之情，但当安德烈把自己的音乐放给他的名人哥哥听时，换来的却是一段长时间的尴尬。巴兰钦只是坐在那里，将头埋进手里，一语不发。事后，她问巴兰钦："给他的音乐一点赞美有那么痛苦吗？"他非常后悔地回答："我没办法，我就是没办法。"（安德烈的小儿子乔吉最近在圣彼得堡以令人动容的坚决告诉我这不是真的——他的伯父确实"曾经"赞美过他父亲的音乐。）

十四岁与家人分开之后，巴兰钦这些年来很少跟别人提起家人。托尔契夫表示："他尊敬父亲梅立通，而且非常想念他。我们的房间里正对着床的桌子上立着梅立通的一张镶框照片。"她说他从未提及他的母亲，而至于安德烈，巴兰钦只说他不是很优秀的作曲家。亚当斯说他从来不多谈他的家人，但是她觉得他非常在乎他的母亲。“他谈到她的时候，语气里带着敬意。他不常提到她，但是你感觉得到她对他很重要，比家里的任何人都还要重要。去俄罗斯的时候，他甚至对自己的弟弟不怎么感兴趣。每个人都认为他应该，但是他却不然。”阿洛丁根说巴兰钦从未向她提过他的母亲，但是却曾谈到对姐姐的喜爱之情。认识他双亲的丹尼洛娃说，他的母亲“是个和蔼可亲的人”；而乔治一直保存着自己与父亲的一张合照；他的姐姐塔玛拉“没有跳舞的天分”；他的父母把他留在圣彼得堡之后，“其他人都会讨论自己的家人……他却只字不提”。不过她告诉舞者莫伊拉·希勒，巴兰钦在人生走到尽头的时候，心里怀着“对母亲的爱”。吉娃谈到他们结婚的时候，乔治那边没有人出席。“他与家人音讯中断多年，虽然他们最近开始通信，但是并没有真正的亲人关系。”

一九三七年，巴兰钦在舞蹈教室教舞。根据鲍里斯的描述，柯尔斯坦进来，将一封电报放在钢琴上，然后走出去。巴兰钦没有理会，等到课结束后他才拿起来读，“然后整个人僵住”。他一言不发地将电报放在钢琴上就离开了。鲍里斯读了这封绘有黑框的电报，上面写着他的父亲过世了。

巴兰钦的母亲死于一九五九年三月，就在他返回俄罗斯进行巡回公演的三年之前。巴克尔指出：“他的弟弟安德烈都把电报寄到大都会歌剧院，从这一点可以看得出来他与家人之间联系中断的情况有多严重。”他已经有二十年没在那里工作了。电报终于送到纽约城市芭蕾舞团的办公室、交到他手上的这一天，霍根在电梯里碰到他并就他母亲过世一事向他致哀。他对她说：“不要紧，当某个跟你很亲近的人过世，天堂里就多了一个人陪在你身边。”达维多娃劝他：“写一封安慰信给你的弟弟。”几个礼拜之后她问他写了没有，巴兰钦回道：“没有，我就是无法鼓起勇气写信。”

他曾经与姐姐很亲近，但是战争期间姐姐在列宁格勒失踪了。当他与伏尔科夫讨论《胡桃夹子》里面的孩童玛莉与福瑞兹时，他告诉伏尔科夫：“我也有一个妹妹。我比她大一点（事实上，他年纪比较小），但是我们从来没有吵过架。我是一个安静的孩子，她也爱好和平。”有一种说法是，她在一次德军空袭期间遇害；另一个说法是，她在试图逃离被敌军包围的列宁格勒时去世。他不知道父亲过世的详细情况，一直到二十五年后，他与安德烈两人终于碰面，安德烈才跟他说明详情。他迎娶佐里娜时，写信给母亲：“希望得到您的祝福。”这封由安德烈保存，后来为了巴克尔而翻译成英文，巴兰钦在信中同时还要了格鲁吉亚的草药：“这些是要用来煮肉汤和其他菜的。还有把煮胡桃冷鸡的食谱寄给我，我喜欢自己做菜。”他还要了一件毛毡外套，并说要寄钱买这件外套以及寄钱给安德烈，好让他“把他的芭蕾发扬光大”。

巴兰钦的遗物中，有他母亲于一九三五年写来的几封信，信纸非常皱。信里她叫他“亲爱的宝贝”、“小乔治”、“乔治弟弟”。内容谈到她收到他寄来的一张汇票（五十美元的面额——“这笔钱够用一个半月。”）；安德烈献给他一首新的钢琴协奏曲；安德烈的妻子和“小家伙”到乡下去了。比起汇票，他妈妈更重视“亲爱、可爱的”小乔治寄来的信；她想要知道他身体健康。

按照她的孙子乔吉的说法，他的祖母（有一半德国血统的地道圣彼得堡人）是个非常虔诚的人而且热爱艺术。虽然她在格鲁吉亚过完一生，并听得懂格鲁吉亚话，但是她拒绝说格鲁吉亚话。

而且他记得，她总是对“小乔治”念念不忘，常看一盒她之前从圣彼得堡带来的家人旧照。乔治不是唯一深受四十年分离痛苦的人。

战争期间，巴兰钦与俄罗斯那边没有联络，之后他设法寄些食物包裹，但是随着冷战愈演愈烈，他害怕写信会连累家人。即便如此，还是很难相信巴兰钦在这么多年当中，竟然无法做一些安排让亲人团聚或有更频繁的书信往返。巴兰钦很少向同事提及他的家人，只是偶尔附带一提或是说些令人摸不着头绪的话。二十世纪四十年代初期俄罗斯芭蕾舞团长期巡回公演期间，富兰克林与巴兰钦有很多时间相处，巴兰钦从来没跟他提过自己的父母，只有一次提到安德烈:“我弟弟是个音乐家。”法兰克强调:“就没了。”有一次巴兰钦没头没脑地说:“我收到我姐姐寄来的一封信。”“什么？都过了这么久了？”“或许不是我的姐姐。”富兰克林的结论是:“我觉得他在根本上是个非常孤独的人。”

孩童时期的巴兰钦曾经被抛弃——不是一次，而是两次。九岁时他被寄放在马林斯基舞蹈学校并被留在那里，从来没有真正回归家庭生活。然后，在他十四岁的时候，他的家人搬走，留下他独自一人。这种遗弃对于一个敏感又深爱母亲的男孩子而言，不可能毫发无伤。而且终其一生这种情况不断重复：他后来说，他的妻子全都离开他了，而非他离开她们。他被应该是他最深爱的两个女人（佐里娜与法雷尔）拒绝的痛苦经验可说是早期不幸经历的重现。直到生命的最后阶段，他都几乎在逃避任何类似家庭关系的东西：女人？要。真正的妻子？不要。孩子？绝对不要。他曾经告诉里德:“再大的工作量我都可以忍受，我可以永无止境地工作。但是我无法适应深刻的人际关系。”里德表示，当尝试发展深刻关系时，他的恐慌症就发作了。

但是在被迫远离家乡到异地的童年生活中，他是如何学习与他人建立深厚的关系呢？聪明的丹尼洛娃向塔伯谈到他们住在一起时她的推测：“我想，或许，他在那些日子里，没有学会如何去爱另一个人。如果他没有与家人分开这么久，他或许就能学会如何去爱人并且不把自己的感觉深埋在心中。而且所有我们曾经历过的俄国革命动乱，影响了他以及我们全部的人。在某种程度上，我们是幼小的野兽，我们被迫自己长大，临时凑合着过日子——而这种经历留下了后遗症。”托尔契夫表示，多年来巴兰钦会做可怕的噩梦，“而且做噩梦时，他会在睡梦中用一种陌生的语言大声喊叫”。她猜测那是格鲁吉亚语，他的母语。

无论巴兰钦对于重返俄罗斯以及长久分离后与剩余的家人团聚的心情为何，格鲁吉亚的演出同样很成功，而且人们盛赞他是世界知名的格鲁吉亚之子（虽然在这之前他从来不曾踏进格鲁吉亚的土地）。他带着莫洛斯特沃夫造访库塔伊希城，他的父亲就葬在那里，他的同父异母哥哥亚波隆也住在那里。他没有得到充分的休息，这次亲友团聚是另一波热闹的宴席。到了巡回公演的最后一天，舞团抵达巴库时，舞者与巴兰钦都精疲力竭。巴克尔的书中据塔拉斯的说法这样写道：

> 他们离去的前一天晚上，旅馆的舞厅举行了一场盛大的派对，所有的人都喝醉了。肖恩·奥布莱恩戴上他新买的俄罗斯麝鼠毛皮帽并脱掉裤子。派对结束时，舞

者开始跑到彼此的房间。尚恩去找贝蒂（凯奇）和娜塔莉（莫洛斯特沃夫），发现后者已经为隔天一早的飞机准备好，衣服全穿好了还戴着耳环，但是却在床头睡着了。然后巴兰钦进来坐下。他说道："好了，我想现在公演结束了，每个人短暂的风流韵事也将结束。每个人都有，除了我以外——我从来都没有。"尚恩说："你可以有，如果你想要的话。""不，"巴兰钦说道，"没有人爱我。"然后尚恩做了一件清醒时永远都不敢做的事情，他跑向巴兰钦，坐在他的椅臂上，拍拍他并大叫："但是我们都爱你！"巴兰钦面无表情地看着他的眼睛问道："你的裤子在哪里？"

第九章　晚年

概括来看，巴兰钦度过的最后十二年，是他生命中最平静也最稳定的时光。伴随着一九七二年的斯特拉文斯基舞蹈节而来的是舞团的艺术高峰，巴兰钦赢得最高赞誉，他以这次演出在这名作曲家的逝世周年及九十岁诞辰之际向他致敬。“斯特拉文斯基先生给了我非常美好的时光，我喜欢悠游其间……他就像爱因斯坦——无人能比。”为了颂扬这位大师，他献上为期一周的舞蹈节，演出的不只是以《阿波罗》为首的旧舞码，还有好几部由他本人、罗宾斯、塔拉斯和其他人创作的新作品。他不顾损失（十三万美元），关闭剧院进行一个礼拜的排练，要在如此短的时间内准备好大约三十部的芭蕾作品，除此之外别无他法。（柯尔斯坦将这段排演期比喻为“小型的诺曼底登陆”。）在指导整个舞团的同时，他还神乎其神地创作了三部重要的作品：《二重奏协奏曲》、《三乐章交响曲》和《斯特拉文斯基小提琴协奏曲》。他后来说最后这部作品他一个舞步都不曾改过。在舞蹈节刚开始时，舞评人理查德·波里尔在《大西洋月刊》里写道：“在芭蕾史上，纽约州剧院的巴兰钦就等同于伦敦环球剧院的莎士比亚。”我猜在巴兰钦的心中，这次的斯特拉文斯基舞蹈节让他的艺术生涯攀上巅峰，也是最令他感到骄傲的大事。

舞团现在的财务状况稳定，他可以尽情发挥。后来还有拉威尔舞蹈节、柴可夫斯基舞蹈节、另一场斯特拉文斯基舞蹈节。这时期的作品有舞团风靡一时的节目:《英国国旗》和《维也纳圆舞曲》、《夏康舞曲》(法雷尔和马丁斯宛如奥林匹斯山神的最佳演出)和《王后的舞会》(梅瑞尔·阿什利出色的速度与快速的攻步是一大享受)，以及两部最后的杰作：舒曼的《戴维同盟之舞》(一九八〇年)和《莫扎特风》(一九八一年)。前者采用舒曼的钢琴组曲作为背景，四对舞者似乎体现了这位作曲家的过去和精神的不同层面。试图明确地界定这些主题是没有用的，但是我们可以想象法雷尔某种程度代表这位艺术家的缪斯，而阿洛丁根则扮演舒曼忠实的妻子——深情又绝望的克拉拉。起先，《戴维同盟之舞》看似没有条理，好像舞者不确定该做什么；这四对舞者各自学习他们要跳的舞，没有一起排练。一直到大约一年的演出之后，这部作品突然有了生命力，并展现出凄凉却深刻感人的主旨。艺术家的疯狂、绝望、毁灭——这是巴兰钦晚年心境的写照。

但是他最后的重要舞作《莫扎特风》却是一部颂扬音乐、舞蹈、生命的作品。音乐是柴可夫斯基对莫扎特的致敬，而芭蕾舞则是巴兰钦对他们两人的赞颂——他的本性以非常不着痕迹的方式表现在这部芭蕾舞中，并试图综合他所推崇的这两个天才的性格：柴可夫斯基的宽容和深沉的悲观主义，以及莫扎特的欢乐与疏离。继舒曼之后的《莫扎特风》，有一个可与歌剧《唐·璜》媲美的效果：跟随在阴郁情节的激情与骚动之后的是喜悦、肯定生命的结局。这部最后的巨作灵感应该来自法雷尔，这个说法似乎很有道理。法雷尔后来写道："正因为这部芭蕾的存在，我才得以在创作这部作品的人死后还能活下来。"

巴兰钦在人生的最后几年（从一九六九年算起），因为一名新的同伴而倍感温暖，而且还是一个新"类型"的同伴。一九六二年，在罗蒂·兰雅的推荐下，他同意让一名年轻的德国女孩加入跳团舞。这就是卡琳·冯·阿洛丁根，一个高挑、白肤金发、有运动员外形的舞者，她没有真正的古典美，但是对进步和成功却有绝对的决心。早期，她嫁给了名叫作莫顿·杰沃兹的商人，并生了一个女孩——她跳舞跳到怀孕第六个月，并在产后一个礼拜回去上课。一个月之后，她重新加入正在进行巡回公演的舞团，并重拾她的职业。有人引述她当时说过的话："我先当了舞者，才成为妻子与母亲，而且我很在乎我的家人。"

阿洛丁根表示，有长达七年的时间，她从未跟巴兰钦说过话，但是在一次长途飞行时，她终于敢接近他，向他提出私人的问题并寻求建议。意外地，他们成了朋友，最后更成为家人。他喜欢她的德国血统，巴兰钦于一九二四年离开俄国前往法国时途经斯德丁，阿洛丁根认为从那之后，德国一直很吸引他；或许原因可以一路追溯到拥有一半德国血统的母亲与他的德国保姆。他喜欢她的舞蹈：不同于传统的外表与风格，以及全心投入后带来的可能性。他为她打造一系列杰出的角色：从《谁在乎？》中大跳跃的无忧无虑女孩，《斯特拉文斯基小提琴协奏曲》迂回、高技巧的第一支双人舞，《维也纳圆舞曲》的第一幕（舞团里面没有人像她一样熟悉欧洲的华尔兹），她在《英国国旗》里耀眼的攻步，《室内乐作品之二》中机器人般的精确，一直到忠实又充满母爱的克拉拉，最后还是无法保护舒曼免于崩溃与死亡。

在真实的人生中，阿洛丁根也成为忠实又满怀母爱的女人。巴兰钦的母亲从他的人生中消失之后，他从未寻求或发现过这种人。〔很不可思议地（也许没什么好惊奇），巴兰钦的母亲原本的名字是阿梅丁根；她在她的父亲抛弃家人之后改姓为瓦希耶娃。〕她讲道理，她喜欢跟他一起煮饭、陪他消磨闲暇时间（他一直都很讨厌周末与假日的空虚，因为没有工作可做）、照顾他。而且她让他融入她的家庭——自从九岁以后他第一个认识的真正家庭。在格维尔茨父子身上，他终于能够接受一位缪斯的丈夫与孩子。舞团在纽约州萨拉托加温泉市的夏季舞季期间，他们共住一所房子，而且他们在汉普顿的住处很近，巴兰钦就是被他们说服在那里买了一小间公寓。她是能在危急时刻给他提供家庭援助的朋友，就如同能在关键时刻给予他工作协助的霍根一样重要。

七十几岁的时候，巴兰钦连续生了几场病，他做了一次血管绕道手术，这次的复原速度很快。但是接着他的眼睛恶化——他动了青光眼和白内障手术。他失去了平衡，这意味着他再也无法示范跳舞，不论是在课堂上或是在舞蹈教室里。随着他的状况恶化，他的行为变得愈发古怪。他邀请佐里娜参加一九八二年的斯特拉文斯基舞蹈节，担任《普西芬尼》的讲述人，佐里娜写道："我开始了解到乔治的身体不行了。因此，当他在一次创作会议期间大发脾气尖叫'只有我知道要做什么——其他人什么都不懂！'，只是更加令人害怕。"他告诉她："我走了以后，不会再有另一个巴兰钦——一切都结束了。"还有一次他说："我完了，我再也看不到、听不到，而且我走起路来像喝醉酒的人。”她说，有时候在排演期间，她很害怕靠近他：“有好几次，他看起来好像认不出我是谁一样。”

他的身体越来越虚弱，情况也变得越来越明显：某个非常严重的问题正在侵袭他的健康，然而无论是他的医生伊迪丝·兰纳、他的朋友舞团医生比尔·汉密尔顿还是看诊的专家，都没有人能诊断出问题所在。直到他死后，才在他的大脑发现有罕见的克罗伊茨费尔特－雅各布病的迹象——这个病有可能是由羊传染给人类，与疯牛病的染病过程很像。在他最后几个月照顾他的知名泌尿科医生罗伯特·威克姆记得巴兰钦“非常渴望能留住青春”，而且曾经告诉过他，他“在瑞士取得‘回春’注射剂”，这是一种在欧洲临床科学中盛行多年的疗法。（这样的疗程一度被称为“猴腺”疗法。）这些注射剂可能包含动物腺体的萃取物，“例如睾丸组织，”威克姆的结论是，“他很可能是经由这些注射剂感染病症。”

到了一九八二年秋天，他在家中发生一连串的意外（他不再离开公寓），最后即使有霍根、比奇洛、阿洛丁根和莫顿以及其他与他亲近的人不断给予照料与关怀，公寓对他而言也成了不安全的地方。在一个凛冽的秋夜，他对霍根说：“我已经尽了一切努力而且各种方法都试过了，但是我不应该在这里，我的家不是医院。”十一月四日，他住进罗斯福医院，从此再也没有离开过。他苟延残喘将近六个月，起初他还努力跟上剧院事务的进度，然后他的身体状况渐渐恶化，陷入沉默。在他过世之前，访客络绎不绝。过去与他合作过的舞者从加州、欧洲来看他最后一面。巴瑞辛尼科夫给他从布鲁克林区的一间餐厅里带来辛辣的格鲁吉亚食物；有人看到努里耶夫跪在他的床边哭泣。吉娃、丹尼洛娃、托尔契夫一次又一次造访。非常年轻的达西·基思特勒[①] 坚持要见他，她告诉巴克尔：“巴先生认得出我，而且他会听我说话。”托尔契夫说，她最后一次看到他的时候，她和她的丈夫“走进昏暗的房间，里面正放着音乐，巴兰钦双手的手指互敲。我问他：‘乔治，你在做什么？’而他回道：‘你看，我在编舞。’”

最后他想见的只有阿洛丁根，而她日复一日都守在他身边，握着他的手。他于一九八三年四月三十日凌晨四点过世。医院打电话给霍根，她悲伤地负责通知阿洛丁根、柯尔斯坦和其余跟他最亲近的人。

那天是周六，下午和晚上都安排了演出。白天，阿洛丁根勉强跳了《室内乐作品之二》。马丁斯问过她是否要跳，而她知道她必须跳这部作品。那天晚上，法雷尔接着跳《C大调交响曲》。马丁斯已经几乎不跳舞了，大部分的时间都投身于舞团的经营，但是当法雷尔在那天晚上要求他与她搭档跳舞时，他马上就答应了。五十年前将巴兰钦带来美国的柯尔斯坦是宣布这个消息的合适人选，他从台上对我们这些观众说：“不用我宣布，巴先生现在已经与莫扎特、柴可夫斯基及斯特拉文斯基同在了。”至少这是可堪告慰的想法。

丧礼在名为“神迹圣母”的小型俄罗斯东正教教堂举行，超过一千人站立致哀。教堂非常拥挤且不通风。他的五个妻子中，只有人在国外的佐里娜缺席。或许那些跟巴兰钦一样有虔诚信仰的人能在这个冗长又混乱的仪式里找到慰藉，但是我相信对于多

① 巴兰钦最后发掘的舞者，而且他非常喜欢她。

数出席的人而言，排山倒海而来的是失落的感受。他的前妻们、他过去与现在的舞者、他的同事、朋友和崇拜者之中，鲜少有人不对未来感到焦虑。巴兰钦曾经说过："我们现在所处的这个时间，人们说：'喔，我的天，你走了，会有什么事情发生呢？'但是所有的事情都会流逝……五十年后去做我们现在做的事情，没什么意义，未来和现在不会相同。"但是这种富有哲理的态度并不能让人宽慰。现场的每个人都了解芭蕾是多么脆弱的一门艺术。如果纽约城市芭蕾舞团和巴兰钦所编的舞将会因为没有他而崩解，那他们生命中至高无上的艺术经验都将会结束。此刻谁在乎五十年后一切会如何？如同塔拉斯后来所写："现在他走了，这是另一个世界。"

第十章　这个男人

在佳吉列夫过世后的艰苦日子，在抵达美国初期尚未安顿好的时候，甚至在纽约城市芭蕾舞团的头几年，巴兰钦是否已经预见自己将会到达如此卓越的地位，或是指挥这么独特又优秀的舞团？即使是自我表白，他也不太可能表达过这么大的野心（虽然柯尔斯坦确实可能曾代替他表示远大的抱负），但是在人们的印象中，他总是知道自己前进的方向以及能力所及之处。除了彼季帕和（早期的）福金，他敬重的编舞家并不多。与他同时代的编舞家中，弗雷德里克·阿什顿是唯一可能的对手，而且他们之间关系相对紧张，阿什顿渴望获得巴兰钦赞许，但巴兰钦却有些傲慢。（在茱莉·卡瓦纳极为出色的阿什顿传记中，她引述阿什顿对塔伯的书的评论："与我同时期也是我同事的乔治·巴兰钦是我在这世上最钦佩的人……所有的俄罗斯仙女必定都聚集在他的洗礼仪式上，将所有伟大的才能送给他。"然而，根据柯尔斯坦的说法，巴兰钦从未把阿什顿当一回事，因为阿什顿缺乏正统的音乐训练，而且"他强烈反对（阿什顿）那种轻率和做作的愚蠢"。）自从巴兰钦于一九五九年邀请玛莎·葛莱姆参与两幕舞剧《插曲》以来，他显然对她抱持着某种程度的敬意，但是与葛莱姆的合作就跟邀请摩斯·肯宁汉由城市芭蕾舞团演出他的作品《夏日空间》一样，其实是柯尔斯坦的兴趣，而非巴兰钦的喜好。巴兰钦尊敬罗宾斯，将他视为年轻的伙伴；在安东尼·图德本人与休·莱恩、诺拉·凯依和戴安娜·亚当斯加入舞团时，他允许将图德的若干作品排入演出节目表；他还鼓励许多年轻的同事尝试编舞，例如他对马丁斯所编的第一支舞《舞台灯光之夜》印象深刻，甚至将它并入自己的《艾夫斯选集》。

但是私下里，他丝毫不吝于表达对其他编舞家的看法，刀子经常脱口而出。有一次，我跟他提到前一天晚上我忍耐着看完一场约翰·克兰科编制的演出《尤金·奥涅金》，配乐是拿柴可夫斯基的音乐拼凑在一起，他说："你知道那家伙为什么会死吗？"（克兰科因为心脏病发作而早逝。）"柴可夫斯基在天堂低头往下看，看到那部芭蕾舞，就跑去找上帝说：'抓住那家伙！'"远溯到来美国之前，他就是个有话直说的人。科奇诺记得有人问起他对其他编舞家的看法，他回道："其他编舞家是谁啊？"他对一些作曲家可能也同样不屑，从他个人不喜欢的普罗高菲夫和拉赫玛尼诺夫、肖斯塔科维奇（"可怕的作曲家，他写曲子的样子就像个农夫，一个俄国农夫"）、巴尔托克和德沃夏克（"被高估过头了"），一直到西贝柳斯（"现在都没人要演奏他的曲子了；他的音乐糟透了。"）

他对于自己在芭蕾史上的地位深感自信，加上他笃信自己在命运之手的掌控之中，反而使他得以冷静面对各种危机时刻。柯尔斯坦后来表示，舞团曾经面对的最大的危机是一九七六年的管弦乐队罢工事件——他们刻意选在《胡桃夹子》上演时罢工，对票房的伤害最大。巴兰钦以他惯有的沉着来面对这次挫折。一方面，他急着返回工作；另一方面，他也听天由命。还有一次，新舞季的开幕当晚，一直到观众都已经进入剧院，管弦乐队的罢工谈判还是迟迟没有结果。我们几个人在大约七点半冲上他在四楼的办公室，告诉他事情已经圆满解决，却发现他安静地与霍根啜饮香槟，他说：他完全帮不上忙，所以何必激动？如果能开演，我们就开演；如果不行，就不演。之后还会有其他开幕演出。

但是当他能帮忙处理难题时，他就会以迅雷不及掩耳的速度解决。（我观察到“我们有麻烦”这几个字总是能促使他立即采取行动。）有一个令人难忘的例子：在一九七六年管弦乐队罢工期间，这场争议被提交仲裁，而仲裁的地点移到世贸中心。（我们已经花了将近六个月谈判。）有一天早上，我们这些管理团队的成员花了好几个小时枯坐等待与管弦乐队委员会开会，已经没有零钱打公共电话了（当然，那时候还没有移动电话），但是我们又不敢离开这栋建筑去拿更多的零钱，因为有可能突然被叫去谈判桌。埃迪·比奇洛用他最后的一角硬币留言给舞团的管弦乐队指挥乔治·米歇尔莫尔，要他带零钱过来，而且要很多零钱。一个小时后，巴兰钦带着一袋零钱冲进房间，问我们：“还来得及吗？”原来他们把信息给了另一位乔治，而他以为这些零钱对这次谈判很重要。他很高兴能帮得上忙，大家都不忍心泼他冷水。

还有另一个事件：一九八一年的柴可夫斯基舞蹈节因为委托菲利普·约翰逊设计的惊人舞台布景而闻名。那是一个半透明塑料管组成的巨大装置，从舞台顶端悬挂下来，打好灯光的时候非常漂亮。但是装上布景的那天（也就是舞蹈节开演当天），全部都乱成一团。其中一个又大又重的管子掉到舞台上摔碎了，差点砸到一名工作人员，如果砸到，他肯定会重伤。接着，管子暴露于强烈的舞台灯光热气下，开始散发出味道（正确的说法是，它们开始发出恶臭）。没有人知道舞台是否能及时安装好，或观众能不能待得下去。巴兰钦坐在剧院的中间，不理会周遭的歇斯底里，只是专心处理梅瑞尔·阿什利的《天鹅湖》皇冠放在她头上的样子，那是他可以做的事情，所以他就处理这件事。

巴兰钦这种面对迫切危机时的沉着冷静，一直是所有人长久记得的特质，我提出这些特别的例子只是因为我刚好目睹。还有其他数不尽的故事，举例来说：人们仍然记得，在无数个开演当晚，伟大的服装设计师凯林斯卡在开演前的十五分钟，带着她还在制作的戏服抵达剧院，而且几乎没有足够的时间把衣服别在正在等候的舞者身上，巴兰钦则是冷静以对。还是老样子，一切都在命运的掌握之中——除非他自己的手可以推命运一把。（大家都知道，他跟所有人一起别衣服、缝衣服。）

他不喜欢理论，甚至是解释，他给予舞者的指导照惯例都是通过示范动作或是比喻的方式来表达。许多舞者亲眼目睹他在教舞或是给予指导时，他自己跳的舞有多惊人。海登记得他教肯特跳天鹅公主："他穿着上街的鞋子，而且跳得比任何人都还要美……他无所不能。他的身体会说话。"麦克布莱德说："他把每件事情都呈现得美妙无比，我认为自己的动作永远无法像他一样漂亮……一九七〇年，他为我示范《谁在乎？》的变奏曲。他当时六十五岁了，跳了整首变奏曲，韵律和肢体动作都远胜于我。"他的女舞者一次又一次证明他对于足尖舞和双人舞有深入了解。至于男舞者方面，杜埃尔描述巴兰钦如何示范《阿波罗》："他不用跳整个舞步，只用手臂与上半身示范，就能抓到感觉以及动作特性的精髓。你会了解这个表现的意图。他会让你觉得自己永远也无法跳得跟他一样美。”爱德华·维莱拉表示：“最神奇的是他是非常优秀的舞者，所以当他跳给你看时，你真的无需言语就能了解。”

当他深入讨论一个舞步或角色时，就会提出一个简单的比喻，传神地表达出他的想法。维莱拉在他的自传里回忆学习跳《浪子》的经验：“有一幕酒肉朋友把他们的手指头在浪子精疲力竭、几近裸裎的身体上上下下，仿佛想更进一步剥夺他的财物，巴兰钦对他们说：‘动作就像老鼠一样。’这句话言简意赅。就好像他们打算吃掉我的肉，我害怕得畏缩起来。”同时，“在这部芭蕾舞剧的关键双人舞中，女妖坐在浪子的颈子上，没有抓住任何东西来作为支撑，这是很困难的动作。巴兰钦对亚当斯说：‘嗯，就像你坐着抽烟。’而维莱拉表示：‘那句话让我回想起旧香烟广告里的模特儿形象，我可以想象她坐下来的样子、她会摆什么姿势，以及我该如何保持她的平衡。’”

在另一个重要的时刻，浪子把双腿放到地上，女妖顺势离开他的腿，巴兰钦表示：“很好，你就像电梯一样把她放下来。”最重要的是巴兰钦说:“圣像，你知道的，亲爱的，就像拜占庭圣像。”这句话是维莱拉所饰演的角色的关键。（巴兰钦教卡斯蒂里跳浪子爬行回家的最后一幕时，只对他说：‘亲爱的，你只要假装自己是犹太人就好了！’）

保罗·泰勒是巴兰钦为了《插曲》的合作向玛莎·葛莱姆借来的舞者，他描写最后一天的彩排：“虽然这支独舞似乎别有含义，但是它的主题对我而言却是个谜，我问巴先生这支舞是否有什么特别的表现形式。‘嗯，’他扭动着鼻子回答，就好像嗅到一个适当的比喻，‘像是在一杯牛奶里飞行，对吧？’这个描述很棒，这支回旋舞很像某种非人类的生物转个不停，陷入自身造成的死亡旋涡中，就像一首以自我设定的模式和死亡为主题的讽刺短诗。”

舞团的芭蕾老师罗斯玛丽·邓利维记得巴兰钦在创作《斯特拉文斯基小提琴协奏曲》的最后乐章时，不断跟舞者提到俄罗斯茶室的侍者，这些描述帮助很大。“所有四处走动的人——都是俄罗斯茶室的侍者。”她说，“那不只是他的想象力，还会占据你的思维……当你对舞者说‘俄罗斯茶室侍者’，事情就豁然开朗了。”在课堂上，有时候他会希望脚看起来几乎就像没有骨头一样柔软，而非有关节的样子——“像是象鼻，”他会这么形容，“像大象从地上拾起花生的样子。”（他在一个非常不同的背景中运用了同一个意象，在编排《斯特拉文斯基小提琴协奏曲》中彼得·马丁斯与凯·玛佐合跳的双人舞时，马丁斯说：“最后的姿势……看起来几近感伤：她的身体往后倚靠在我身上，我用一只手掩住她的眼睛，并往前张开另一只手臂。巴兰钦给我们的指导是：‘让动作看起来像是一只象鼻，然后把你的手伸出去，好像在要钱。’”）或者，他会希望脚往前延伸时旋转，“这样你可以用你的脚跟送一杯香槟，好像用脚在招待”。巴兰钦最喜欢的舞者之一约翰·克里福德描述巴兰钦说过类似的话：“不要只是站在那里，像条死鱼！伸手去拿，就像你伸手去拿一辆卡迪拉克！”至于足尖舞，他则说：“像踩名爵汽车的油门一样踩下去！”

教学是他事业的精神与灵魂——经常有人引述他的话，说他首先被记得的不是编舞家的身份，而是老师的身份。美国芭蕾舞学校现在稳居训练美国芭蕾舞者最重要的机构，这所学校以巴兰钦希望的方式教授学生舞蹈基础，而且他对师资群的能力很有信心，这些年他的师资成员包括了过去他在俄罗斯的重要舞者——首席芭蕾女伶帕芙洛娃的最后舞伴皮埃尔·弗拉迪米洛夫、阿那托尔·欧布科夫、杜布洛夫斯卡，最后则是丹尼洛娃本人，她教授彼季帕的变奏曲，并以自身的修为展现芭蕾女伶应有的风范（跟杜布洛夫斯卡一样）。这些女士端庄，优雅，挑剔且要求很高。她们跟巴兰钦一样，了解舞蹈教室就跟舞台一样，是一个神圣的地方，要以尊重的态度对待。既是舞者也是老师的舒基·肖勒写道："我唯一一次记得巴先生真的很生气，是他发现一名舞台工作人员在即将演出之前，无意间将雪茄的烟灰掉在刚拖完地的舞台上。'你知不知道你人在哪里？你可不是在街上！这里不是排水沟！'他大叫，'这是剧院，人们跳舞的地方！'"

当学生从学校毕业进入舞团，他们已经接受教导，成为他所希望的样子，也知道每个舞步应该怎么跳。他们知道跳舞的技巧，舞团的课程是为了提升并扩充他们的知识。在一些舞团中，每天的课堂时间实际上是用来暖身的；巴兰钦的课程则是持续探索他觉得重要的细节。回溯到二十世纪三十年代末，莫伊兰告诉我们："他往往会把重点放在一个特定的舞步上，可能是伸展，也可能是滑步，或是他想要加强的任何舞步。我认为他觉得别的老师可以教授一般、全面性的课程，但是他宁可传授我们某个特定的要点。"

马丁斯也支持这个说法："他会花一个小时教三个舞步，而且这些都是简单的舞步，但是他从这些舞步衍生出来的动作才是重点……他会尝试一个小跳跃，然后你要重复做这个动作二十五次，你会先以非常缓慢的速度做十分钟，接着他会加快速度。重复这个动作二十分钟之后，你会发现自己精疲力竭，但是你也提高了自己的熟练度，而且你的身体能够将这个舞步跳得很完美。”当巴兰钦邀请马丁斯为舞团授课时：“他警告我不要只是为了炫耀了不起的想法以及创造力，而带着十支惊人的舞步去上课。’你去那里不是给他们一支舞去跳、给他们上舞蹈课，你去那里是要让他们感受自己身体内部的舞步。’”

巴兰钦在肖勒还很年轻的时候就指定她去给学生演说示范并教授舞蹈技巧，在肖勒以巴兰钦的舞蹈技巧为主题的书里，她分析巴兰钦希望每个舞步在表演的同时，也能强调他的普遍原则。“比起要求每名舞者的手臂摆在同一条直线上，活力、动态与有节制的狂放对他而言更加重要，因为前者通常要求更具约束性、经过计算的动作。记住，‘不要瞻前顾后地舞蹈！’”（以一句有名、简洁的话来说就是：“不要想，跳就是了。”）肖勒强调：“即使巴兰钦的芭蕾里有一种平静的感觉，那种平静也带有活力，平静不代表缺乏活力或是生命力。”关键的字眼永远是“活力”，几乎每个曾经以巴兰钦为主题出书的舞者都强调这点。活力、清楚、速度、明确的表达——这些是用来界定巴兰钦的舞者的特质。丰富的感情来自全然投入舞步，而非夸张的表现。“不要演戏，只要跳这些舞步就好”是巴兰钦的至理名言。这并不意味着他的作品不会产生最强烈的情感——除非你是个舞痴，就像有些人是音痴。

今日舞团的芭蕾总监与学校的老师大多是承自巴兰钦的经验丰富的舞者，虽然未必都是顶尖的舞者。有马丁斯统管舞团与学校（这是理所当然的），还有学校教职员共同主席玛佐，但是过去在城市芭蕾舞团的多数顶尖舞者在别的地方经营舞团例如：海尔吉·托玛森在旧金山、维莱拉在迈阿密、法雷尔在华盛顿、麦克布莱德和她的丈夫让–皮埃尔·博纳富在夏洛特市、米切尔在纽约哈勒姆区、丹尼尔·迪尤尔在芝加哥、韦斯在洛利、伊布·安德森在凤凰城；维尔蒂、肯特、内亚里姐妹、吉兰娜、玛莉亚·卡莱加里和她的丈夫巴特·库克以及克利福德，要么在其他地方教舞，要么通过巴兰钦信托基金筹划并指导巴兰钦作品的演出。托尔契夫在芝加哥活跃多年；另一个熟悉巴兰钦作品的排练指导弗朗西亚·拉塞尔与她的丈夫肯特·斯托沃尔经营太平洋西北芭蕾舞团长达二十多年；波兰德在堪萨斯市也从事同样的工作……等等。巴兰钦的主要资深舞者中，只有阿什利和阿洛丁根（她们都拥有巴兰钦的作品）与纽约城市芭蕾舞团保持联系。

少了这些重要舞者的投入，对于纽约城市芭蕾舞团而言是一大损失，但是同时巴兰钦的舞者大举出走把他的作品和跳舞方式散播到整个西方世界。这似乎也呼应了佳吉列夫过世后的情况，当时承自他的舞者与包括巴兰钦在内的编舞家将“福音”散布到各个角落。但是佳吉列夫没有统一的福音：尼金斯卡、马辛、利法尔、巴兰钦、玛莉亚·兰伯特、法洛瓦都有不同的观点与不同的打算。而通过直接继承人的忠心与用心，巴兰钦死后二十几年，他的福音已经散播到各个角落。今日所有的重要芭蕾演出都有巴兰钦的作品。即使如此，这些演出也不一定全都反映出他的要求：与受到巴兰钦启迪的舞团，以及体现美国芭蕾舞学校的原则的舞团相比，基洛夫芭蕾舞团、波修瓦芭蕾舞团、英国皇家芭蕾舞团、巴黎歌剧院芭蕾舞团不可能相似。然而，比他稍早的前辈及几近同时期的编舞家（福金、马辛、尼金斯卡以及其他人）看似退居历史，巴兰钦却屹立不摇，他是一个巨人，在各地将他的作品与影响力加诸他所爱的艺术，并使其脱胎换骨。

至于巴兰钦本人，他仍旧是个“谜”——一个朋友与同事经常会用在他身上的字眼。他既冷静又热心，忧郁又风趣，自大又谦虚，是一个从来没认真想要一个妻子却又结了许多次婚的男人，一个喜欢烫衣服又喜欢自己一个人玩牌的高傲天才。从年轻时就认识他的朋友米尔斯坦下了个结论：“没错，总有一天巴兰钦的作品会消失，而且那将是很大的损失。但是乔治留下来的不只是他的作品。他留下他的道德典范，这是相当重要的遗产：他的人格的力量与一切，他的率直、坚守原则和不贪婪……他对艺术的投入，他不受潮流、名声与成功陷阱所左右……

“当我想到巴兰钦，我就又看到了他。他就在那里——一个真正的俄国名士。他的五官分明，他的身体瘦削、结实、灵活。他走起路来抬头挺胸充满自信，迅速但不仓促。那条让人很受不了的德州牛仔领带摇摇晃晃地挂在他的脖子上（他有条‘正常一点的’领带，只是塞在某个地方，但是那种领带使用起来太麻烦了）。他散发出优雅、活力与快乐。那就是我记忆中的他。”

巴兰钦语录

虽然巴兰钦以许多机智的谈话而闻名，他却无意当个作家。一九五四年出版的《巴兰钦伟大芭蕾全集》，他只是挂名作者，因为合著的弗朗西斯·梅森负责所有的写作，他除了自己的作品以外，其他完全不插手。他要求梅森读一出芭蕾舞作给他听。梅森选了《小夜曲》。“读给我听。”巴兰钦说道。听完他说：“太长，不行。你必须留些想象的空间。不要注明舞步的名称。”梅森后来拿着比较短的第二个版本回来时，得到的意见是：“这样可以。”梅森表示，对于其他人的作品，巴兰钦漠不关心，只说：“弗朗西斯，我信任你。”他没有看校样，当他读最后的成书时，只有一句评语：“弗朗西斯，书我已经读了。在某某页，我们说的是安东·鲁宾斯坦，不是阿瑟·鲁宾斯坦。”即便如此，数十年来这本非常实用的书还是不断付印再版。

一九六五年六月十一日当期的《生活》杂志有一篇巴兰钦署名的文章，非常罕见。这篇文章的标题是《巴先生谈芭蕾》，搭配由米利所拍摄的照片，照片以创作《堂·吉诃德》期间的巴兰钦与法雷尔为主。文章的笔调是巴兰钦典型的语气，虽然毫无疑问，这篇文章是柯尔斯坦或是凯奇帮忙准备的，然而巴兰钦确实针对许多主题表达了自己的观点。事实上，这些观点与一九三三年他和柯尔斯坦初次长谈中所说的事情有许多相似之处。

就我所知，这篇文章自从初次付梓以后就绝版，所以我在这里重新转载全文。[①]

巴先生谈芭蕾

乔治·巴兰钦

人们初次进入芭蕾的世界时，他们应该来观赏，来发现。如果你带一个人去看画廊里一幅伟大的画作，例如，米开朗基罗的画，他可能会说："那又怎样，很无聊，只是一个男人站在那里。好看在哪？"因此你说："或许刚开始可能看不出个所以然，但是看久一点。"而如果他一再来并仔细审视，第五或第六次他铁定会了解这幅画有多美丽，画作的氛围变得清晰可辨，甚至能呼吸到其中的气息；有一种光辉，空间、双手、每件事情都是难以置信地美。然后他就会想要看更多画作。

芭蕾亦同。只要来并仔细观赏。不要听别人说的话，尤其不要听所谓的芭蕾舞迷的话。这些鬼鬼祟祟的人属于"鉴赏家"的圈子，他们追随舞者不是因为她跳得好，而是因为她有名，而且他们想说："我认识她。"最后他们进了她的更衣室，她邀请他们喝茶，他们马上变成舞迷。他们跟以前一样无知，而且品味差劲。这些芭蕾舞迷培养出糟糕的品位以及平庸。

真正懂得欣赏芭蕾的人来了只是观赏，而且如果他

① 原注：乔治·巴兰钦信托基金会授权转载。

们看不懂，就会再来一次。票价很便宜，我们剧院的票价比电影票还便宜。除此之外，我们有很好的六十人管弦乐队，而且我们演奏的都是音乐会上很少演奏的音乐：斯特拉文斯基、魏本、亨德密特。如果你不想看舞台上的演出，闭上你的眼睛，花两块美元就可以听到一场美好的音乐会。

但要是观看舞台上的表演，你将会看到一些更美丽的东西。芭蕾舞是一种纯女性的艺术；它是一个女人，是满园的美丽花朵，而男人则是园丁。在芭蕾的世界里，女人可以没有男人，但是男人却找不到没有女人的芭蕾舞团。男舞者不喜欢听这样的话，但是我相信这点。男人地位重要，扮演王子与女王的侍从，但女人是女王。芭蕾的艺术因为女人而繁荣；女人是女神、女诗人、缪斯。这就是我的舞团拥有美丽女舞者的原因。我相信人生也是如此：男人所做的每件事都是为了他理想中的女人。人生只有一次，而且人都有一些信念，而我的小小信念就是如此。这个信念到目前为止都还很管用，也将持续在我身上发挥作用。

现在每个孩子都想要跳舞，就如同每个孩子都想要跑和跳一样。他们听到美妙的音乐：进行曲、华尔兹，那些让你想要跳舞的音乐。听到音乐就想跳舞，是人的天性。在古老的时代，剧院是禁忌，剧院是罪恶。如果你想要上台表演，几乎就等同于受到惩罚。但是现在，如同歌手吉米·杜兰特所言："每个人都想要进入表演事业。"现在可以上舞蹈学校，而且每个年轻母亲都希望她的女儿去跳舞。

但是儿子就不行了。人们认为男孩必须刚强，不能柔弱。为了要刚强,必须踢足球;即使你是个柔弱的男孩，也要踢足球。大家都不知道必须要刚强才能够成为一名舞者，而且人们不了解，芭蕾完全不会让男人变得柔弱，其实正好相反。

我们学校里的男孩十二岁开始要支撑女孩。男孩必须碰触女孩的手并施力维持女孩的平衡。双手必须沟通，眼神也是，这是我们唯一的沟通方式。当我们开始教男孩如何支撑女孩时,这完全与性无关,纯粹是舞蹈和技巧。然而，与一个特别的女孩共舞，男孩会回家说:“嗯，她有美丽的眼睛。”然后下次他看到她，他说:“哈啰，你好吗? ”你瞧，有些事情已经发生了。比起不与女孩打交道的男孩，他有超过百分之百的机会成为一个男人。

我们本来完全没有男学生，但是当布瓦斯在八岁的时候开始加入我们，他现在已婚并育有四个孩子。维莱拉也大约在八岁的时候开始跳舞，也成长为男人。他们都非常优秀。所以我们成功率是百分之两百——一人一百。

年轻的一代了解芭蕾已不再代表娘娘腔了，而且现在我们有学校提供他们学习。三十年前，这个国家除了几个巡回演出的商业舞团与为数稀少的舞者之外，几乎没有类似的机构。后来，因为希特勒当政，流亡者来到这里并开始教舞。现在我们有了很不错的孩子。这里的舞者有特别优异的体格。如果用挑选马的标准来做选择，你也会挑选他们。美国有许多马,挑选马匹去参加赛跑时,有些马跑得比较快比较好。我们这里有一个很棒的舞团;如果我们有更多的钱,我们可以有两三倍的舞者。英国人也觉得自己有一个了不起的舞团,他们训练有素,但是比起活力,他们更喜欢抒情的表达方式。我喜欢大又充满活力的动作。它有点像是打喷嚏;在俄罗斯,我学会打喷嚏并发出很大的声音。英国人太有礼貌,没办法真正打完喷嚏。

法国人是非常有才华的民族,相当爱好音乐,但是对他们而言,真正重要的东西是美食。在吃完一顿美好的大餐之后跳舞是件很困难的事。在意大利,因为歌剧的关系,他们对舞者不是很好。歌剧始终优先,其次是交响乐,导演第三,舞台工作人员,合唱团,最后才是卑微的舞者。

俄罗斯就不一样了。芭蕾有很高的地位,而且他们以它为傲。俄罗斯有许多的活力;那就是我的样子,他们跳的就是我教导的方式。

回头谈到俄罗斯,我还是个小男孩的时候,人们很不喜欢芭蕾舞。只有俄罗斯的贵族阶层才是舞迷——坐在前面几排的那些男人全都盯着美丽的舞者看,就跟今天舞者上台什么都还没做就尖叫的观众一样。但是我们的王宫贵人不太在乎舞蹈,他们只是想要看故事。

芭蕾不可能诉说复杂的故事,你无法使用语言。你无法表演像同义词这样的语法。《天鹅湖》根本什么都不是(或许,那些小天鹅是例外)。邪恶的巫师带来一个女孩，“看起来”就像原来那个女孩，那是同一个女芭蕾舞者，然后整个幻想都破灭了。在俄罗斯，芭蕾舞迷前来观赏《天鹅湖》是要看克谢辛丝卡娅跳三十二回转。她是当时唯一能跳这个动作的人。今日数以百计的舞者都做得到，而且她们还拥有更好的体格。过去的舞者个子矮小，他们垫胸，垫臀，束腹，她们的头发盘起来插着天堂鸟的羽毛。现在我们把这些年轻女孩脱到近乎裸裎；谁想要看戏服跳舞呢？我们有更高、更漂亮的舞者，而且她们的表现好上百万倍。她们的身体准备好做任何事，我们让她们的身体跳更快的动作。人们现在看的是舞者，而非故事。现在时代不同了，音乐不再是附属品。

人们批评我，因为我们的舞蹈不是知性的，因为它没有任何含义。舞蹈就像花朵，而花朵不需要任何文字意义就能生长，它们就是美丽而已。

我们是花朵，我们只管生长，所以你不可能否定我们并说：“你对我们而言没有任何意义，你要告诉我们什么？这个故事在说什么？给我滚！”我们只是闻起来很香，看起来是粉红色的。我必须因为我是一朵花而替自己辩护吗？我不要，错的是他们，不是我。

在筹划一部芭蕾时（我不用“创造”这个字眼，上帝才创造，而我是把已经创造出来的东西组合起来），我设法在时间与空间的变迁中找到有趣的成分，因为音乐是时间。重要的不是旋律，重要的是旋律给你的时间。编舞家用谐调、旋律与节奏去了解每个声音代表的意义，然后巧妙地把动作融入时间，并观察你看着舞蹈动作的时候是否得到任何视觉上的满足。舞步并非独自存在，没有现成组合这回事。你必须利用你的腿和手，准备在任何时间以各种速度往不同方向移动，亦即身体能做的极限。然后才可以说，这里必须慢下来，那里要高一点，在这个时候和那个时候应该在这里。这其中涉及许多事，还有声音的质量，以及在你的想法中结尾音乐的必要任务为何、音乐的声音听起来的感觉。

我不会想很多，只是熟练地操作。最后我本人必须接受结果；我是观众，是裁判。如果我喜欢，没有人可以给我建议，甚至连舞者也不行。他们是服从的动物。他们接受等待的训练，等待又等待，直到你说做这个，他们就做。你说停止，他们就停止。你说数到一百七十五，他们就数到一百七十五。然后你可以说谢谢你们，现在回家去吧。你能做的就只有这些，如果他们参与其中，事情会变得乱七八糟、让人受不了。最后，当整个作品产生的时候，他们才会了解作品的样貌。但是在这之前，你无法任性而为；你必须策划、区别、分析、过滤并慢慢满足他们，而且在这个过程中，你必须用肢体动作让他们了解每个姿势。

没有舞者，我无法成就任何事情。一些编舞家通过自己在镜子前跳舞编出他们所有的作品，然后他们把动作全部写下来。我不这么做。对我而言，只有在人们表演的时候芭蕾才存在，否则它就不存在。当我采用舞者时，我想要制造他们的身体能表现的动作；取悦观众的是他们的身体，而非我的身体。他们把肌肉展现给观众，我的想法才存在。因为我喜欢看着他们并向他们表现外观呈现与肢体移动的方式，所以如果没有我想要合作的舞者，我就决不会想到舞蹈。结束排演后，我连曾经听过舞蹈这回事都忘了。

这是我本人与一些编舞家之间的差别。有些人说："在这个世界上没有一个舞者够优秀，可以把我的想法跳出来。如果真有这样的舞者，他将是世界上最伟大的事物。"我的说法刚好相反，我不够好。我有美丽的舞者与我共事，而且如果我有更好的想法，他们的表现就会更好。

当他们跳错，而且知道为什么跳错，我并不介意。但是当他们不知道错在哪，那问题就大了。斯特拉文斯基曾经说过："只要他们自觉犯错的话，我不在乎他们弹错音符。"斯特拉文斯基教了我许多东西：我现在正在做的事、我对时间的态度。通过他的想法，我改进自己并且听从他所说的每件事情。二十年前，我的朋友尼古拉斯·纳博科夫和我第一次讨论《堂·吉诃德》。这些年来，我见到他就说："我们来做这出剧好吗？"去年我们开始进行，我们坐下来，然后反复讨论谈话，我们唱了这首曲子，又唱了那首曲子，然后我们决定这一曲用三十分钟，另一曲要一个半小时，那一分半钟的旋律用那个比较快的节奏、更大声……等等。他开始编写，然后等到音乐真的制作完成，我开始配合那个音乐编舞。你无法事先想出你要什么。

《堂·吉诃德》就像我们跳的其他五十部芭蕾作品一样，永远无法进入图书馆，它永远无法保存下来。它只有现在与这些人在舞台上才存在。这一点都不悲哀，这很棒，就在当下。它是活生生的，就像一只蝴蝶，我总是说昨日蝴蝶并不存在。但是如果蝴蝶会说话并且说："记得去年的我吗？没错，我是老了一点，但是我还活着。"你准会被吓坏。

我只对我周遭的这些人、与我共事的这些人，以及这些看着我的作品的人和这些跳我的作品的人感兴趣。我喜欢活在现在、当下。十年后、百年后会怎样，谁在乎？一百年后我们现在跳的芭蕾不会存在。就像一百年前一样，今日如果你看到卡洛塔·格里希[①] 或塔里奥尼[②] 跳舞，你会觉得好笑。我们必须享受当下。

但是我是个老师，教导是我的贡献。我学习如何在舞台上表现、掌握新的技巧，然后去学校教孩子们这个新的技巧。这个技巧是能力，不是速度。每当我说"技巧"，人们就说："啊，他只是个工匠。"他们说我是数学家，没有灵魂。但是他们也说莫扎特"跟鸟一样冷酷无情。"我说的技巧是拥有灵活与技术去表现的能力。

舞者来找我，他们培养了速度、优雅、能力与音乐造诣，而且不幸的，他们看起来就是我希望的样子。我不接受舞者的建议，因为他们来找我时，什么都不懂，而我教导他们。蛋无法告诉鸡如何下蛋。我下自己的蛋，谁都不能告诉我该怎么下。

① 一百多年前第一位饰演吉赛儿的芭蕾女伶。

② 意大利芭蕾舞者，她的娇弱而柔和的舞蹈风格是十九世纪初期浪漫主义的典型代表。

我喜欢用某些方式做事情，而且我与每个人的意见不一，但是我连争论都不想。在我身边，我想要的东西就该有我要的样子。我并不老——我只是活很久，而且我年纪够大，可以不向其他人的品位屈服。只要再过几年，一切就结束了。

然后他们就可以接手。

巴兰钦重要作品年表

1920 《夜之舞》(La Nuit)

1925 《孩子与魔术》(L'Enfant et les sortilèges)

《夜莺之歌》(Le Chant du rossignol)

1926 《海神的胜利》(The Triumph of Neptune)

1927 《母猫》(La Chatte)

1928 《阿波罗》(Apollon Musagète ; Apollo)

1929 《舞会》(Le Bal)

《浪子》(The Prodigal Son)

1932 《科蒂荣舞》(Cotillon)

《竞争》(La Concurrence)

1933 《莫扎特风》(Mozartiana)

《七大罪》(Les Sept Péchés Capitaux ; The Seven Deadly Sins)

《流浪者》(L' Errante)

1934 《小夜曲》(Serenade)

1936 《引趾待舞》(On Your Toes)

《俄耳甫斯与欧律狄刻》(Orpheus and Eurydice)

1937 《娃娃从军记》(Babes in Arms)

《纸牌游戏》(The Card Party)
《仙女之吻》(Le Baiser de la Fée)
1938 《我娶了个天使》(I Married an Angel)
《西来库斯的少年》(The Boys from Syracuse)
《水城之恋》(The Goldwyn Follies)
1940 《路易斯安那购地》(Louisiana Purchase)
《月宫宝盒》(Cabin in the Sky)
1941 《栏杆》(Balustrade)
《帝国芭蕾》，或名《柴可夫斯基第二号钢琴协奏曲》(Ballet Imperial，或名 Tchaikovsky Piano Concerto No. 2)
《巴洛克协奏曲》(Concerto Barocco)
1942 《大象芭蕾》(The Ballet of the Elephants)
1944 《挪威之歌》(Song of Norway)
《舞蹈协奏曲》(Danses Concertantes)
1946 《梦游女》(Night Shadow，或名 La Sonnambula)
《四种气质》(The Four Temperaments)
1947 《水晶宫》，或名《C 大调交响曲》(Le Palais de cristal，或名 Symphony in C)
《交响协奏曲》(Symphonie Concertante)
《主题与变奏》(Theme and Variations)
1948 《俄耳甫斯》(Orpheus)
《查理在哪里？》(Where’s Charley?)
1949 《火鸟》(Firebird)
《幻想风的波雷舞曲》(Bourrée Fantasque)
1951 《圆舞曲》(La Valse)

《天鹅湖》(Swan Lake)

1952 《苏格兰交响曲》(Scotch Symphony)

《变形记》(Metamorphoses)

1954 《34 号作品》(Opus 34)

《胡桃夹子》(The Nutcracker)

《西部交响曲》(Western Symphony)

《艾夫斯选集》(Ivesiana)

1955 《十人舞》(Pas de Dix)

1956 《光辉的快板》(Allegro Brillante)

《第十五号嬉游曲》(Divertimento No. 15)

1957 《方块舞》(Square Dance)

《竞舞》(Agon)

1958 《古诺交响曲》(Gounod Symphony)

《星条旗》(Stars and Stripes)

1959 《插曲》(Episodes)

1960 《柴可夫斯基双人舞》(Tchaikovsky Pas de Deux)

《多尼采蒂变奏曲》(Donizetti Variations)

《纪念杰苏亚多》(Monumentum pro Gesualdo)

《情歌圆舞曲》(Liebeslieder Walzer)

1961 《雷蒙达变奏曲》(Raymonda Variations)

1962 《仲夏夜之梦》(A Midsummer Night's Dream)

1963 《舞乐》(Bugaku)

《钢琴与管弦乐章》(Movements for Piano and Orchestra)

《冥想曲》(Meditation)

1964 《塔朗泰拉舞曲》(Tarantella)

1965 《丑角戏》(Harlequinade)

《堂 · 吉诃德》(Don Quixote)

1966 《布拉姆斯–勋伯格四重奏》(Brahms-Schoenberg Quartet)

1967 《珠宝》(Jewels)

1968 《十号大街上的杀戮》(Slaughter on Tenth Avenue)

《泉源》(La Source)

1970 《谁在乎? 》(Who Cares?)

《柴可夫斯基第三号组曲》(Tchaikovsky Suite No.3)

1972 《三乐章交响曲》(Symphony in Three Movements)

《斯特拉文斯基小提琴协奏曲》(Stravinsky Violin Concerto)

《二重奏协奏曲》(Duo Concertant)

1973 《匈牙利游行》(Cortège Hongrois)

1974 《为奥尔菲大门与薄纱的变奏曲》(Variations pour une Porte et un Soupir)

《歌碧丽亚》(Coppélia,与丹尼洛娃合编)

1975 《奏鸣曲》(Sonatine)

《库普兰之墓》(Le Tombeau de Couperin)

《茨冈狂想曲》(Tzigane)

《坚定的锡兵》(The Steadfast Tin Soldier)

1976 《夏康舞曲》(Chaconne)

《英国国旗》(Union Jack)

1977 《维也纳圆舞曲》(Vienna Waltzes)

1978 《王后的舞会》(Ballo della Regina)

《室内乐二号》(Kammermusik No. 2)

1980 《叙事曲》(Ballade)

《五朔节前夕》(Walpurgisnacht Ballet)

舒曼的《戴维同盟之舞》(Robert Schumann' s "Davidsbündlertänze")

1981 《莫扎特风》(Mozartiana)

参考资料

与巴兰钦相关的参考书目数量非常庞大，从两本大规模的传记开始。比较早期的有伯纳德·塔伯所写的《巴兰钦传》（*Balanchine: A Biography*, Haper & Row, 1963；后来的版本由Macmillan and Times Books出版），这本书极为重要而且可信度很高。它刚开始是《纽约客》的人物志，这是为什么它有如此的直接性与真实性的原因。巴兰钦非常乐意帮助塔伯，就像同事和朋友般，阅读塔伯的文章，你感觉就像阅读所有典型的《纽约客》人物志一样，你是在听这个人的故事。那时候巴兰钦登上这本杂志的人物志专栏是纽约城市芭蕾舞团的一件大事，当时他们的票房并不好。《纽约客》刊出后的效果不错，巴兰钦同意与塔伯合作将这篇人物志扩充成这本书。这本书后来两度更新版本，第二次的版本更新是在巴兰钦过世后不久的一九八四年，而且它仍然是一个基本的资料来源。

理查德·巴克尔的《乔治·巴兰钦：芭蕾大师》（*George Balanchine: Ballet Master*, Random House, 1998）与巴兰钦的老友约翰·塔拉斯合著。由于巴克尔是顶尖的英国舞评家，而塔拉斯则是密切参与巴兰钦事业的人，他们的书会比塔伯的书更懂芭蕾，而且他们还拿到了以前没有出版过的私人回忆录与信件。此外，他们是在巴兰钦过世后五年写这本书的，因此，他们的书有一些新的东西告诉我们，虽然它缺少了塔伯的直接性。这两本传记是可以互补的。

还有一本比较小但是观察却很敏锐的传记，对巴兰钦有着有趣的理解，它是由英国芭蕾女伶（主演电影《红菱艳》的明星）莫伊拉·希勒所撰写的《一个舞者眼中的巴兰钦》（*A Dancer's View of Balanchine*, Putnam, 1987）。希勒是巴兰钦一九五〇年在伦敦皇家芭蕾剧团筹划《帝国芭蕾》的演出时所教导的舞者之一。巴兰钦很喜欢希勒的舞蹈，而且对她喜欢的程度高于对她同期多数的英国舞者，希勒则非常推崇他的作品。

另外有两本书对于了解巴兰钦是很重要的。一本是由弗朗西斯·梅森编辑的《我记忆中的巴兰钦》（*I Remember Balanchine*, Doubleday, 1991），在这本书里面有巴兰钦的舞者、同事、友人和妻子共计八十五人谈到他们记忆中的巴兰钦，包括由斯罗尼姆斯基所写的很重要的长篇文章，这篇文章原本于一九七六年刊登在《芭蕾评论》（*Ballet Review*），它是关于巴兰钦早年最重要的一个资料来源。同样很有参考价值的还有吉娃、丹妮洛娃、托尔契夫、帕卢什、博尔格、托玛诺娃、鲍里斯、马丁斯、维莱拉和柯尔斯坦的回忆录；更确切地说，是所有人的回忆录的集合。

然后还有伏尔科夫的《巴兰钦的柴可夫斯基》（*Balanchine's Tchaikovsky*, Simon & Schuster, 1985），这本书是伏尔科夫在巴兰钦生命即将走到尽头时所作的访谈录，以巴兰钦对于柴可夫斯基的看法为主，书中涵盖了巴兰钦过去经历的许多面向，而且有时候是非常情绪化的。很显然，巴兰钦觉得和同样来自圣彼得堡的音乐家伏尔科夫在家里讨论柴可夫斯基，勾起了他在晚年已经准备好要分享的许多回忆与感受。

另一本访谈录是罗伯特·特雷西的《巴兰钦的芭蕾女伶》（*Balanchine's Ballerinas,* Linden Press/Simon & Schuster, 1983），是另一个非常好的资料来源，内容涵盖巴兰钦的所有缪斯，从丹妮洛娃、吉娃和杜布洛夫斯卡，到莫伊兰、托尔契夫、亚当斯、肯特和维尔蒂，再到法雷尔、阿洛丁根和基思特勒。

有关巴兰钦的作品有两本基础的书：由莱斯利·乔治·卡兹、南希·拉萨尔、哈维·西蒙斯和南希·雷诺斯这群为理想而奉献的人所筹划的杰出的《乔治·巴兰钦：作品目录》（*George Balanchine: A Catalogue of Works*, Eakins Press Foundation, 1983），没有他们乐在其中不计酬劳完成的这本书，我们将会很悲哀地忽略掉关于巴兰钦的成就的全貌与细节；另一本雷诺斯的《作品评论》（*Repertory in Review,* Dial Press, 1977）是一本非常珍贵的记录了纽约城市芭蕾舞团表演节目的书，提供的不只是重要的资料，还精选与编辑汇总当时该舞团所有芭蕾作品的评论。

爱德温·登比与阿琳·克罗斯是研究巴兰钦成就的两位伟大舞评家。登比的《舞蹈写作与诗歌艺术》（*Dance Writings and Poetry*, Yale University Press, 1998）与克罗斯的《在黑暗中写作，纽约客中的舞蹈》（*Writing in the Dark, Dancing in THE NEW YORKER*, Farrar, Straus & Giroux, 2000）是他们的最新选集，都是由罗伯特·康菲尔德编撰。这两本书是研究巴兰钦不可或缺的文献。同样受到重视的还有克罗斯为《国际舞蹈百科全书》（*The International Encyclopedia of Dance*, Oxford University Press, 1998）所写的有关巴兰钦的艺术的长篇论文。

许多其他评论家曾经写过关于巴兰钦的评论，产生了很大的影响，从《纽约时报》的约翰·马汀和《纽约先锋论坛报》的沃尔特·特里等纽约的日报评论员到重要的周报评论家，尤其是琼·阿科切拉、南希·戈德纳、罗伯特·格雷什科维克和托比·托比阿斯。B.H. 哈金的《芭蕾编年史》（*Ballet Chronicle*; Horizon, 1970）提供了非常好的巴兰钦作品的逐年评论。另一部富于发性的书是罗伯特·盖里斯的《追踪巴兰钦》（*Following Balanchine*, Yale University Press, 1997）。巴克尔的《一个芭蕾舞评人的冒险经历》（*The Adventures of a Ballet Critic*, Cresset, 1953）则提供了来自英国最犀利的评论。

当然还有柯尔斯坦为数庞大的著作，他是个很能坚持又优秀的热心人士，喜好论战也是个评论家。我的这本书主要参考由尼古拉斯·詹金斯所编的《柯尔斯坦作品选辑》（*By With To & From: A Lincoln Kirstein Reader*, Farrar, Straus & Giroux, 1991）、雷诺斯《作品评论》一书里面收录的开创性长篇论文，以及《纽约城市芭蕾舞团》（*The New York City Ballet*, Alfred A. Knopf, 1973），这本书后来由我扩编成《三十年》（*Thirty Years*, Alfred A. Knopf, 1978）。

我也是《舒基·肖勒谈巴兰钦技巧》（*Suki Schorer on Balanchine Technique*; Alfred A. Knopf, 1999）一书的编辑，在这本书中，巴兰钦就美国芭蕾舞学校的舞者和老师的要求有非常好的剖析。利用巴兰钦在舞蹈教室的许多趣闻逸事和回忆录，肖勒已经可以把巴兰钦在舞蹈技巧上的想法编成一套系统。

巴兰钦的舞者写了许多回忆录，而且它们有助于我们对他男人与编舞家的身份有大致了解。他有四个妻子写过自传：吉娃的《刹那》(*Split Seconds*, Harpe& Row, 1972)、丹尼洛娃的《乔拉》(*Choura,* Alfred A. Knopf, 1986);佐里娜的《佐里娜》(*Zorina*, Farrar, Straus & Giroux, 1986);以及托尔契夫的《玛莉亚·托尔契夫:美国的首席芭蕾舞伶》(*Maria Tallchief: America's Prima Ballerina*, Henry Holt, 1997)。还有肯特的《昔日舞者》(*Once a Dancer*, St. Martin's, 1997)、法雷尔的《悬在空中》(*Holding On to the Air*, Summit, 1990)、梅瑞尔·阿什利的《为巴兰钦而舞》(*Dancing for Balanchine*, Dutton, 1984)、维莱拉的《浪子》(*Prodigal Son*; Simon & Schuster, 1992)和马丁斯的《远离丹麦》(*Far from Denmark*, Little, Brown, 1982)对他的生活与工作也有精彩的描述。

《回忆巴先生》(*Remembering Mr. B*)忠实收集了巴兰钦的舞者对他的回忆与礼赞,由阿洛丁根亲自汇编并印制,以纪念他二〇〇四年的百年诞辰。

索科洛娃、尼基蒂娜、兰伯特、法洛瓦、泰勒、米尔斯坦、杜克的回忆录帮我们塑造着巴兰钦的形象,约翰·德拉蒙德编纂的系列访谈录《说起佳吉列夫》(*Speaking of Diaghilev*),维吉尔·汤姆森与德米尔的著作,还有安德烈·莱文森的评论集中也都对巴兰钦有或多或少的描述。

许多舞蹈史书通过巴兰钦生命的重要时期来研究巴兰钦的职业生涯。伊丽莎白·苏利兹所著的《二十世纪二十年代的苏俄编舞家》(*Soviet Choreographers in the 1920s*, Duke University Press, 1990)将他放在一九二四年他离开苏俄的背景中讨论;莱恩·格拉弗拉的《佳吉列夫的俄罗斯芭蕾舞团》(*Diaghilev's Ballets Russes*, Oxford University Press, 1989)为佳吉列夫时期提供了重要的背景。有一段尤其迷人的关于巴兰钦与佳吉列夫合作的描述出现在《佳吉列夫的芭蕾，一九〇九——一九二九》（*The Diaghilev Ballet 1909–1929*, Constable, 1953）一书，这本书是佳吉列夫一直以来的得力助手格里戈耶夫的回忆录。凯瑟琳·索利·沃克的《巴希尔的俄罗斯芭蕾舞团》（*De Basil's Ballets Russes*, Atheneum, 1983）是巴兰钦与该舞团往来的权威资料；杰克·安德森的《唯一：蒙特卡洛俄罗斯芭蕾舞团》（*The One and Only: The Ballet Russe de Monte Carlo*, Princeton Book Co.，1981）让我们了解到他的蒙特卡洛时期；阿纳托尔·丘乔伊的《纽约城市芭蕾舞团》（*The New York City Ballet*, Alfred A. Knopf，1954）中有很多的故事。还有罗伯特·马约拉诺和瓦莱里·布鲁克斯的《巴兰钦的〈莫扎特风〉：一部杰作的产生》（*Balanchine's Mozartiana: The Making of a Masterpiece*, Freundlich Books, 1985）是这部芭蕾独有的创作编年史，作者是前纽约城市芭蕾舞团舞者。

查尔斯·M. 约瑟夫的《斯特拉文斯基与巴兰钦》（*Stravinsky & Balanchine,* Yale University Press, 2002）对斯特拉文斯基与巴兰钦这两位艺术家之间的艺术关系有广泛且深入的探索，而身兼评论家与斯特拉文斯基合作伙伴与作者的罗伯特·克拉福特是巴兰钦艺术的重要评论者。

学术出版物与期刊有无数关于巴兰钦的文章，其中有两个重要的来源是：一九四六年由柯尔斯坦开办的《舞蹈索引》和由克罗斯创办、一直由康菲尔德与梅森编辑的《芭蕾评论》。一九八三年《纽约客》刊载了巴兰钦与福特基金会主管劳瑞之间具有启发性的长篇对谈。此外还有巴兰钦与梅森合著的《巴兰钦伟大芭蕾全集》（*Balanchine's Complete Stories of the Great Ballets*, Doubleday, 1954）。

关于巴兰钦的著作还有一个重要的参考资料，一部名为《巴兰钦》（*Balanchine*）的非常出色的两小时纪录片，这是由美国公共电视网（PBS）在巴兰钦死后不久所制播的《美国的舞蹈》（*Dance in America*）系列节目，现在你可以买到 VHS 与 DVD 两个版本。

最后，我们必须对精彩记录巴兰钦与他的艺术的许多摄影师致谢，这些人包括：乔治·普拉特·莱恩斯、弗莱德·菲尔、玛莎·斯沃普、保罗 · 柯尼克与考斯塔斯。

致谢

芭芭拉·霍根曾多年来担任巴兰钦的私人助理，在巴兰钦去世之后，是巴兰钦信托基金会和巴兰钦基金会的负责人。她富于同情，充满耐心，为本书提供了丰富的资料。每一个关注巴兰钦的人都需向她致敬。

还有许多人也都在百忙中为我拨冗，在此一并谢过：安德烈·巴兰钦瓦德兹、维达·布朗、弗雷德里克·富兰克林、贝斯·金妮、伊利莎芭·肯达尔、南希·拉塞尔、弗朗西斯·梅森、玛莉亚·托尔契夫、约翰·塔拉斯（已故）、卡琳·冯·阿洛丁根。我要特别感谢拉塞娜·鲍里斯、约翰·克里福德和芭芭拉·米尔伯格，他们允许我引用他们尚未出版的回忆录。在过去这些年，与我一直讨论巴兰钦的人还有阿莱格拉·肯特、舒基·肖勒和爱德华·维莱拉。我曾经与林肯·柯尔斯坦和阿琳·克罗斯一起观赏了难以计数的城市芭蕾舞团的演出，从他们二人身上，我都学到了很多东西。

我想特别感谢琼·阿科切拉、罗伯特·康菲尔德、阿莱格拉·肯特、奇普·麦克格雷斯、艾莱斯泰尔·麦考雷和理查德·欧沃斯特里特帮我审读修缮稿件。在这里我得特别感谢林肯中心表演艺术图书馆的舞蹈图书部，特别是马德琳·尼古拉斯和莫妮卡·莫斯利；以及由海瑟·海克曼主管的纽约城市芭蕾舞团档案室和城市芭蕾舞团的莉迪亚·哈姆森帮助我整理照片。感谢格雷顿·卡特和《名利场》杂志帮助我翻出一篇旧文《审视纽约城市芭蕾舞团的六种方式》——这是我在 1998 年为庆祝舞团成立五十周年而为《名利场》所写的。

当然，我还要特别感谢詹姆斯·阿特拉斯，是他统筹运作这本书的出版，感谢他那给我提供了无尽帮助的助理，劳伦·泽兰斯基；感谢博学而宽容的编辑苏·卢埃林；感谢充满耐心的天才设计师艾米·希尔；感谢罗尼·阿克塞尔罗德，他是鲜有的懂得变通的生产总监。

译名对照表

（按中文译名姓氏的音序排列）

A

乔治·阿伯特　George Abbott

伊芙·阿登　Eve Arden

埃米尔·阿多里诺　Emile Ardolino

琼·阿科切拉　Joan Acocella

艾丽西亚·阿隆索　Alicia Alonso

卡琳·冯·阿洛丁根

Karinvon Aroldingen

弗雷德里克·阿什顿　Frederick Ashton

梅瑞尔·阿什利　Merrill Ashley

塞拉菲娜·阿斯塔菲耶娃

Serafina Astafieva

弗雷德·阿斯泰尔　Fred Astaire

布丽吉塔·阿特维格　Brigitta Hartwig

范妮·埃尔斯勒　Fanny Elssler

艾夫斯　Ives

安德烈·艾格列夫斯基

André Eglevsky

杰克·安德森　Jack Anderson

伊布·安德森　Ib Anderson

肖恩·奥布莱恩　Shaun O'Brein

奥里克　Auric

奥涅格　Honegger

科克·奥斯基　Kirk Askew

A. 埃弗里特·奥斯汀A. Everett Austin

B

巴尔托克　Bartok

理查德·巴克尔　Richard Buckle

莱昂·巴克斯特　Léon Bakst

安德烈·巴兰钦瓦德兹

Andrei Balanchivadze

梅立通·巴兰钦瓦德兹 Meliton Balanchivadze
塔玛拉·巴兰钦瓦德兹 Tamara Balanchivadze
艾琳娜·巴洛诺娃 Irina Baronova
米凯亚·巴瑞辛尼科夫 Mikhail Baryshnikov
瓦西里·德·巴希尔 Wassily de Basil
欧文·柏林 Irving Berlin
拉塞娜·鲍里斯 Ruthanna Boris
莫顿·鲍姆 Morton Baum
罗尼·贝茨 Ronnie Bates
约瑟芬·贝克 Josephine Baker
克里斯蒂安·贝拉尔 Christian Berard
亚历山大·贝努瓦 Alexandre Benois
比才 Bizet
托马斯·比彻姆 Thomas Beecham
埃迪·比奇洛 Eddie Bigelow
马里乌斯·彼季帕 Marius Petipa
毕加索 Picasso
乌拉·波尔森 Ulla Paulsen
理查德·波里尔 Richard Poirier
巴斯比·伯克利 Busby Berkeley
尤金·伯曼 Eugene Berman
托德·勃朗代 Todd Bolender
艾琳·博尔多尼 Irene Bordoni
雷·博尔格 Ray Bolger
西里尔·博蒙特 Cyril Beaumont
让–皮埃尔·博纳富 Jean-Pierre Bonnefoux
范妮·布莱斯 Fannie Brice
贝尔托·布莱希特 Bertolt Brecht
维达·布朗 Vida Brown
埃里克·布鲁恩 Erik Bruhn
瓦莱里·布鲁克斯 Valerie Brooks
莱昂·布鲁姆 Léon Blum
雷内·布鲁姆 René Blum
梅里尔·布洛克威 Merrill Brockway
奥古斯特·布农维尔 August Bournonville

C

露西娅·柴斯 Lucia Chase
苏菲亚·弗兰特塞夫娜·楚穆伦 Sofia Frantsevna Zurmullen

D

露西娅·达维多娃 Lucia Davidova
黛德丽 Dietrich
弗雷德·丹尼利 Fred Danieli

亚历山德拉·丹尼洛娃
Alexandra Danilova
杰奎斯·当布瓦斯 Jacques d'Amboise
狄安娜·德宾 Deanna Durbin
约翰·德拉蒙德 John Drummond
卡尔·德莱叶 Carl Dreyer
德兰 Derain
艾格尼斯·德米尔 Agnesde Mille
塞居·德纳姆 Serge Denham
德沃夏克 Dvorak
爱德温·登比 Edwin Denby
伊莎多拉·邓肯 Isadora Duncan
罗斯玛丽·邓利维
Rosemary Dunleavy
弗拉基米尔·狄米特里耶夫
Vladimir Dimitriev
丹尼尔·迪尤尔 Daniel Duell
菲丽娅·杜布洛夫斯卡
Felia Doubrovska
凯瑟琳·杜翰 Katherine Dunham
韦尔农·杜克 Vernon Duke
弗拉基米尔·杜克利斯基
Vladimir Dukelsky
吉米·杜兰特 Jimmy Durante
威廉·多拉尔 William Dollar
安东·多林 Anton Dolin

F

苏珊·法雷尔 Suzanne Farrell
妮内特·德·法洛瓦 Ninette de Valois
玛戈特·芳婷 Margot Fonteyn
弗莱德·菲尔 Fred Fehl
莱昂诺尔·菲尼 Leonor Fini
皮埃尔·弗拉迪米洛夫
Pierre Vladimirov
所罗门·伏尔科夫 Solomon Volkov
米哈伊尔·福金 Michel Fokine
弗雷德里克·富兰克林
Frederic Franklin

G

罗伯特·盖里斯 Robert Garis
亚历山大·高尔斯基
Alexander Gorsky
南希·戈德纳 Nancy Goldner
塞缪尔·戈德温 Samuel Goldwyn
莱恩·格拉弗拉 Lynn Garafola
亚历山大·格拉祖诺夫
Alexander Glazunov

罗伯特·格雷什科维克
Robert Greskovic
谢尔盖·格里戈耶夫　Serge Grigoriev
格里格　Grieg
卡洛塔·格里希　Carlotta Grisi
卡西扬·格列佐夫斯基
Kasian Goleizovsky
理查德·格林　Richard Greene
格林卡　Glinka
格吕克　Glück
乔治·格什温　George Gershwin
伊拉·格什温　Ira Gershwin
玛戈·格维尔茨　Margo Gewirtz
莫蒂·格维尔茨　Morty Gewirtz
玛莎·葛莱姆　Martha Graham
戴安娜·古尔德/梅纽因
Diana Gould/Menuhin
古诺　Gounod
彼得·古谢夫　Pyotr Gusev
谷克多　Cocteau

H

B. H. 哈金　B. H. Haggin
洛伦茨·哈特　Lorenz Hart
梅丽萨·海登　Melissa Heyden
比尔·汉密尔顿　Bill Hamilton
小约翰·赫尔德　John Held Jr.
保罗·亨德密特　Paul Hindemith
索尔·胡洛克　Sol Hurok
弗兰克·霍比　Frank Hobi
芭芭拉·霍根　Babara Horgan
哈丽叶特·霍克特　Harriet Hocter
弗拉基米尔·霍罗威茨
Vladimir Horowitz
鲍勃·霍普　Bob Hope

J

乔治·德·基里科　Giorgiode Chirico
达西·基斯特勒　Darci Kistler
吉兰娜　Jillana
吉娃　Geva
丽莲·吉许　Lillian Gish
威廉·加克斯顿　William Gaxton
佳吉列夫　Diaghilev
朱迪·嘉兰　Judy Garland
亚历山大·金　Alexander King
朱迪·金伯格　Judy Kinberg

K

詹姆斯·卡格尼　James Cagney

玛莉亚·卡莱加里　Maria Calegari
吉塞拉·卡恰兰扎
Gisella Caccialanza
卡萨维娜　Karsavina
维克多·卡斯蒂里　Victor Castelli
艾略特·卡特　Elliott Carter
茱莉·卡瓦纳　Julie Kavanagh
莱斯利·乔治·卡兹
Leslie George Katz
赫尔希·凯　Hershy Kay
凯林斯卡　Karinska
贝蒂·凯奇　Betty Cage
诺拉·凯伊　Nora Kaye
罗伯特·康菲尔德　Robert Cornfield
考斯塔斯　Costas
林肯·柯尔斯坦　Lincoln Kirstein
格尔西·柯克兰　Gelsey Kirkland
约翰·柯克兰　John Cranko
柯莱特　Colette
保罗·柯尼克　Paul Kolnik
C.B.科克伦　C.B. Cochran
鲍里斯·科奇诺　Boris Kochno
罗伯特·克拉福特　Robert Craft
约翰·克里福德　John Clifford
哈罗德·克里斯坦森
Harold Christensen
路易·克里斯坦森　Lew Christensen
阿琳·克罗斯　Arlene Croce
马蒂尔达·克谢辛丝卡娅
Mathilda Kschesinskaya
摩斯·肯宁汉　Merce Cunningham
阿莱格拉·肯特　Allegra Kent
巴特·库克　Bart Cook
奎瓦斯侯爵　Marquis de Cuevas

L

约翰·拉多赫　John Latouche
拉赫玛尼诺夫　Rachamaninov
南希·拉萨尔　Nancy Lassalle
弗朗西亚·拉塞尔　Francia Russell
拉威尔　Ravel
安娜贝尔·莱昂　Annabelle Lyon
休·莱恩　Hugh Laing
乔治·普拉特·莱恩斯
George Platt Lynes
弗兰克·莱瑟　Frank Loesser
安德烈·莱文森　André Levinson
玛莉亚·兰伯特　Marie Rambert
伊迪丝·兰纳　Edith Langner

罗蒂·兰雅　Lotte Lenya
W.麦克尼尔·劳里　W. McNeil Lowry
塔娜奎莉·勒克莱尔　Tanaquil Le Clercq
伊迪丝·勒克莱尔　Edith LeClercq
弗雷德里克·勒韦　Frederick Loewe
埃莉斯·雷曼　Elise Reiman
南希·雷诺斯　Nancy Reynolds
戈达德·李伯森　Goddard Lieberson
珍妮特·里德　Janet Reed
里姆斯基–科萨科夫　Rimsky-Korsakov
塔季扬娜·里亚布钦斯卡　Tatiana Riabouchinska
塞居·利法尔　Serge Lifar
多萝西·利特菲尔德　Dorothy Littlefield
阿那托利·卢那察尔斯基　Anatoly Lunacharsky
鲁奥　Rouault
安东·鲁宾斯坦　Anton Rubinstein
伊达·鲁宾斯坦　Ida Rubinstein
杰罗姆·罗宾斯　Jerome Robbins
贾克·罗赫　Jacques Rouché
金格尔·罗杰斯　Ginger Rogers
理查德·罗杰斯　Richard Rodgers
罗瑟米尔　Rothermere
彼得·洛　Peter Lorre
莉迪亚·洛波科娃　Lydia Lopokova
纳尔逊·洛克菲勒　Nelson Rockefeller
洛朗桑　Laurencin
尤金·洛林　Eugene Loring
费奥多尔·洛普霍夫　Fedor Lopukhov
蒂莉·洛施　Tilly Losch

M

马蒂斯　Matisse
彼得·马丁斯　Peter Martins
尼古拉斯·马加利亚内斯　Nicholes Magallanes
莉莉安·艾丽西亚·马科斯　Lillian Alicia Marks
马林斯基　Maryinsky
约翰·马汀　John Martin
马辛　Massine
罗伯特·马约拉诺　Robert Maiorano
凯·马佐　Kay Mazzo
艾丽西亚·玛尔科娃　Alicia Markova
帕特丽夏·麦克布莱德　Patricia Mcbride